GIANNA PINOTTI

I SEGRETI DEL *PARHELION* DI STOCCOLMA

MONADE CELESTE TRA RIFORMA LUTERANA ED ESOTERISMO GOTICO

Una nuova lettura iconologica

Firenze
Edizioni CLORI
MMXXII

Studi storici, filologici e letterari

La collana *Studi storici, filologici e letterari* pubblica – in formato *ebook*, secondo i principi del *gold open access*, e cartaceo – saggi, edizioni e monografie di ambito storico e filologico-letterario. La collana dispone di comitato scientifico internazionale. Le proposte di pubblicazione sono sottoposte a *double blind peer review*. Tutte le opere della collana sono disponibili al *download* gratuito sulla *homepage* dell'editore, a cui si rimanda per ogni informazione.
http://www.edizioniclori.it

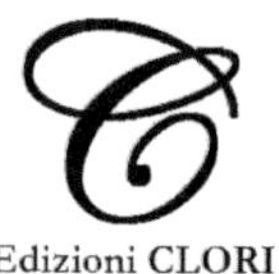

Edizioni **CLORI**

ISBN 979-12-80410-02-3

In copertina: Jacob Heinrich Elbfas (1600-1664), *Il dipinto del Parelio/The Parhelion painting/Vädersolstavlan*, 1636, olio su tavola, cm 163 x 110, Stoccolma, cattedrale (Storkyrkan), da Wikimedia Commons.

Indice

Introduzione

"Non varchi questa soglia chi ignora la geometria".
Platone, Accademia di Atene

Il dipinto *Parhelion* (*Vädersolstavlan*) di Stoccolma: un doppio binario di ricerca

Ha un sapore straordinariamente esoterico e magico il quadro denominato in svedese *Vädersolstavlan* (*Parhelion painting* o *Sun dog painting*) (fig. 1), *il dipinto del parelio*, eseguito da Jacob Heinrich Elbfas nel 1636 come copia di un'opera del 1535 raffigurante un parelio apparso in quello stesso 1535 nei cieli di Stoccolma[1].

Il dipinto, che misura 163 x 110 cm, è conservato nella *Storkyrkan*, la cattedrale della capitale svedese, cuore dell'isola storica della città vecchia, luogo ove confluirono forze che condussero la Svezia ad abbracciare la Riforma luterana, cambiando le sorti del cristianesimo in Europa.

La denominazione *Vädersolstavlan*[2] o *Parhelion painting* (per comodità dissertativa noi chiameremo l'opera *Parhelion*) deriva dall'evento atmosferico a cui il quadro è ispirato, il parelio, nome composto derivante dal greco *parà*, presso, ed *èlios*, Sole.

---

[1] Per le prime considerazioni sul dipinto si veda Gianna Pinotti, *Un'apparizione celeste tra numero e mistero: i segreti del Parhelion di Stoccolma (prime considerazioni)*, in "l'area di Broca", *Numeri, numeri...*, 80-81, giugno 2005, pp. 14-16 (www.emt.it/broca81.pdf).

[2] In svedese *Vädersol* è il *Sole meteorologico*. *Vädersolstavlan* significa dunque il *dipinto del parelio*, in inglese *the Parhelion painting*.

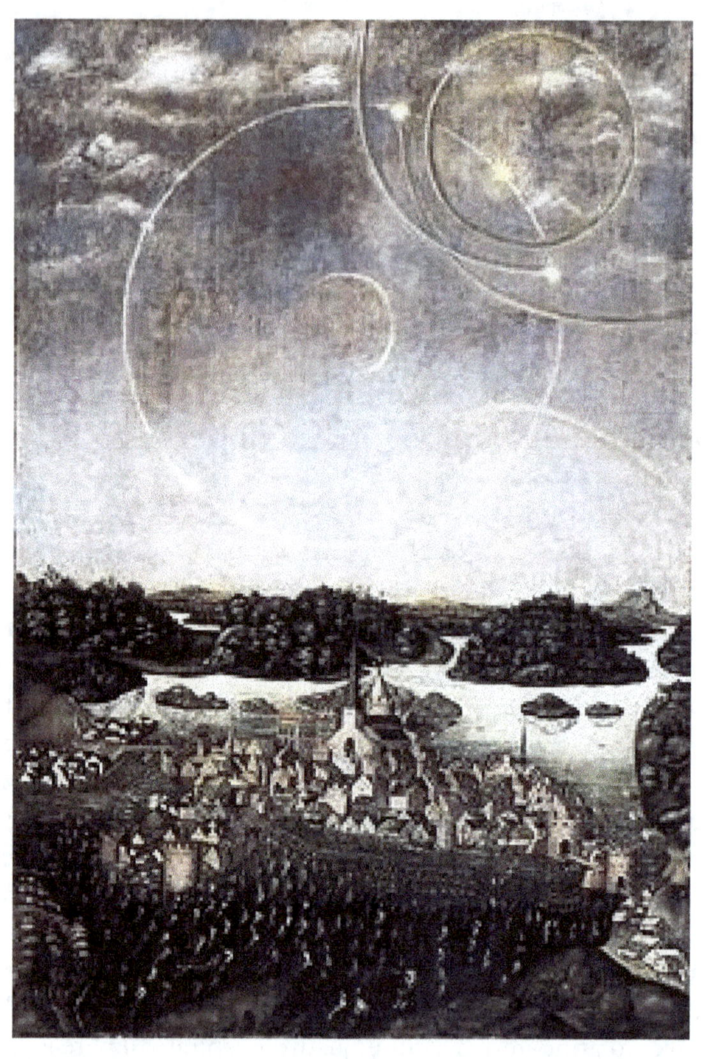

1. Jacob Heinrich Elbfas, *Parhelion* (*Vädersolstavlan*), 1636, olio su tavola, cm 163 x 110, Stoccolma, Storkyrkan

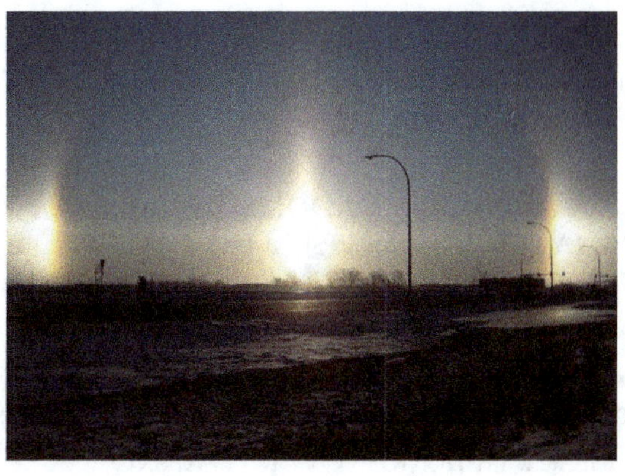

2. Il fenomeno del parelio a Fargo, North Dakota, 18 febbraio 2009

Si tratta di un fenomeno ottico prodotto dalla rifrazione della luce sui cristalli di ghiaccio sospesi nell'atmosfera che formano uno o più aloni, o dischi luminosi, intorno al Sole, che in questo modo crea l'illusione ottica di altre immagini di sé (fig. 2).

Secondo le indagini compiute dagli studiosi[3], è emerso che il dipinto è un'opera su tavola eseguita nel 1636 dal pittore di Corte Jacob Heinrich Elbfas[4] incaricato dalla direzione della Storkyrkan, la grande cattedrale di Stoccolma, di eseguire copia di un dipinto più antico risalente al 1535 che si trovava esposto in chiesa da quella lontana data, raffigurante il *signum* celeste verificatosi nell'aprile di quell'anno[5].

---

[3] John Rothlind, Ole Ingolf Jensen, Margareta Weidhagen-Hallerdt, Axel Lindberg, Andrea Hermelin, Jan Svanberg, *Vädersolstavlan i Storkyrkan*, Särtryck ur Sankt Eriks Årsbok, 1999.

[4] Jacob Heinrich Elbfas, nato in Estonia nel 1600 e morto a Stoccolma nel 1664, fu pittore della Corte Vasa. Giunse in Svezia nel 1634 e da questa data sino al 1640 fu pittore della regina madre Maria Eleonora del Brandeburgo (1599-1655). Su Elbfas si veda *The dictionary of Art*, New York 1996; *KunstAdessbuch Deuttschland, Osterreich, Schweiz*, De Gruyter Saur 2002, *ad vocem*.

[5] Nel libro dei conti della chiesa di San Nicola (la Storkyrkan), il 1 agosto e il 15 ottobre 1636 sono registrati i rispettivi pagamenti della tavoletta lignea e del pittore Jacob Elbfas. Per i documenti si veda Andrea Hermelin, *En målning i reformationens tjänst Historik enligt skriftliga källor*, in *Vädersolstavlan i Storkyrkan*, Särtryck ur Sankt Eriks Årsbok, 1999, p. 56.

Infatti nella parte inferiore della cornice barocca, realizzata da Valentin Snickare[6], è incassata un'iscrizione in latino, svedese, tedesco (fig. 3); il latino recita:

ANNODM1535-
VICESIMA DIE APRILIS VISUM EST IN CIVITATE STOC/
HOLMENSI TALE SIGNUM IN CAELO A SEPTIMA FERME
HORA ANTE MERIDIEM AD NONAM USQUE HORAM.[7]

L'intera iscrizione trilingue si conclude con l'espressione composta da svedese e latino: RENOVERAT/ANNO 1636[8].

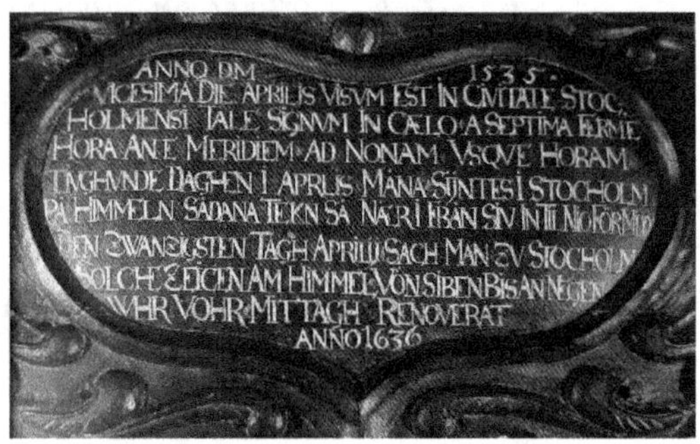

3. L'iscrizione trilingue nella parte inferiore della cornice barocca del *Parhelion*

In un primo momento, a cagione del termine "renoverat", si è ritenuto che il dipinto seicentesco fosse un restauro dell'originale del 1535 che venne commissionato dal predicatore luterano

---

[6] John Rothlind, *Konservering och teknisk analys*, in *Vädersolstavlan i Storkyrkan*, Särtryck ur Sankt Eriks Årsbok, 1999, p. 14.

[7] "Anno del Signore 1535- Il ventesimo giorno di aprile fu osservato nella città di Stoccolma un eccezionale evento celeste dalle ore 7 del mattino alle 9 antimeridiane".

[8] In lingua svedese "renoverat" significa "ristrutturato" "ammodernato", mentre l'espressione latina "Anno 1636" significa "nell'anno 1636".

Olaus Petri (1493-1552) all'artista di Corte Urban Larsson Målare[9] durante il governo di Gustav I Vasa (r. 1523-1560).

Tuttavia le recenti indagini diagnostiche e documentarie hanno rilevato che il quadro seicentesco è stato eseguito come copia dell'antico[10] e di conseguenza che il pittore Jacob Elbfas, trovandosi nelle condizioni di realizzare un dipinto *ex novo*, ha avuto la possibilità di apportare nel 1636 alcune aggiunte al paesaggio urbano rispetto alla versione antica del 1535:

Beträffande uppgiften om att M. *Jacob Conterfeyer* – hovmålaren Jacob Elbfas - "förnyat" den hundraåriga tavlan med himmelstecknen, har det tidigare antagits innebära att vissa tillägg i stadsbilden gjorts år 1636 – företeelser vilka bevisligen inte kan ha funnits år 1535[11].

Interessante la presenza nell'iscrizione barocca del termine latino *signum* che, nelle sue accezioni, designa sia l'evento celeste che il presagio di avvenimenti eccezionali; insieme ad *astrum*, *sidus* e *stella* esso forma il catalogo della terminologia latina relativa ai

---

[9] Sull'artista e l'assegnazione a questi del dipinto *Vädersolstavlan* si veda Göran Axel-Nilsson, *Urban Målare*, Sankt Eriks Årsbok, Samfundet S:t Erik, 1941; John Rothlind, *Konservering och tecknisk analys*, cit., pp. 10-11.

[10] "[...] 'Renoverat 1636' mena något annat än vad man hittills tagit för givet. Ty man har trott att målningen då endast bättrats eller retuscherats, men istället betyder det alltså att den i bokstavlig mening har förnyats, det vill säga att den ursprungliga målningen har kopierats 1636, ett sekel efter sin tillkomst. Därefter har man inte brytt sig om att ta vara på originalet, som då tydligen varit i alltför dåligt skick – kanske var det fukt – eller mögelskadat efter att i hundra år ha hängt på Storkyrkas norra vägg.": "[...] 'Restaurato nel 1636' significa qualcosa di diverso da quanto fino ad oggi è stato dato per scontato [...]. Vale a dire che il quadro originale fu copiato nel 1636, un secolo dopo la sua creazione. Dopo di che non si sono preoccupati di prendersi cura dell'originale – tanto era in condizioni scadenti – o forse ammuffito essendo rimasto appeso al muro nord della chiesa per cento anni": Jan Svanberg, *Det konsthistoriska sammanhanget*, in *Vädersolstavlan i Storkyrkan*, cit., p. 66.

[11] "Per quanto riguarda le notizie secondo cui Elbfas 'rinnovò' la tavola centenaria con i segni celesti, si è ipotizzato che alcune aggiunte al paesaggio urbano siano state fatte nel 1636 relativamente a elementi che non potevano esistere nel 1535": Andrea Hermelin, *En målning i reformationens tjänst Historik enligt skriftliga källor*, in *Vädersolstavlan i Storkyrkan*, cit., p. 56.

corpi celesti; l'aggettivo *tale* riferito al *signum* sottolinea l'eccezionalità della portata dell'evento celeste.

A primo acchito l'iscrizione sembrerebbe suggerire che il *signum* sia apparso nel cielo di Stoccolma nell'anno 1535, il 20 aprile, data a tutt'oggi accreditata.

Tuttavia avremo modo di dimostrare come, secondo la nostra ipotesi, nonostante il parelio a cui è dedicato il dipinto sia naturalmente quello apparso nella primavera del 1535 (le testimonianze parlano del 1 aprile), il giorno segnalato nell'iscrizione si riferirebbe invece all'anno 1636, a cagione della configurazione astrologica del 20 aprile 1636 da noi rilevata nella quale le posizioni dei corpi celesti coinciderebbero con le posizioni dei soli fittizi del parelio del 1535[12].

D'altra parte possiamo anche percepire una certa equivocità dell'iscrizione, che reca, in principio e in chiusura, le due indicazioni in latino degli anni (Anno 1535-Anno 1536) slegate formalmente dalla data del 20 aprile, forse frutto di una volontaria manipolazione degli elementi cronologici che porterebbe a collegare il giorno 20 aprile al 1535, anno posto in testa all'iscrizione e in posizione più ravvicinata al testo latino che esordisce con "vicesima die aprilis", a discapito di una verità nascosta, quella secondo la quale il 20 aprile si collegherebbe invece al 1636.

Inoltre, al di là dell'equivocità a cui darebbe adito l'iscrizione, veniamo a trovarci dinanzi a uno sdoppiamento di identità della stessa opera d'arte poiché avremo modo di appurare che l'iconografia del dipinto di Elbfas pervenuto sino a noi è il risultato di una commistione di fedeltà e infedeltà di ordine morfologico e contenutistico rispetto alla versione perduta cinquecentesca, e questo non è sorprendente dal momento che il quadro venne "copiato" in tutt'altra epoca, sebbene collegato al medesimo ambito religioso ed artistico.

Per questa fondamentale ragione è venuto a configurarsi per noi un doppio binario di ricerca.

---

[12] Gianna Pinotti, *Un'apparizione celeste tra numero e mistero: i segreti del Parhelion di Stoccolma (prime considerazioni)*, cit., pp.14-16 (www.emt.it/broca81.pdf).

Infatti da un lato, nonostante in linea generale possa considerarsi il quadro di Elbfas una copia rispettosa dell'iconografia del dipinto più antico realizzato nel 1535, in realtà il *Parhelion* del 1636 giunge a costruire, come avremo modo di chiarire più in dettaglio sviluppando la nostra nuova lettura iconologica, una propria autonomia stilistica e in particolare semantica, poiché il pittore, non intervenendo direttamente sul dipinto cinquecentesco, avrebbe avuto non solo la possibilità di apportare alcune modifiche al paesaggio urbano, bensì di infondere, tramite la committenza, nuovi significati all'evento celeste attorno al quale il dipinto è incentrato, significati legati a un nuovo contesto storico e culturale.

Dall'altro lato è andata dispersa la versione originale dell'opera, ponte tra età di Lutero ed evo moderno, generatrice di filoni tematici importanti che, un secolo dopo, avrebbero aperto le porte a nuove significazioni e simbologie, un'opera da indagare a fondo, attraverso l'analisi del suo contesto spirituale, delle possibili fonti ispirative e delle testimonianze iconografiche e testuali successive che ad essa attingono, e che possono contribuire naturalmente a comprendere meglio le dimaniche translitterative dell'immagine dal 1535 al 1636, quando venne rielaborata la copia.

1. Una nuova lettura iconologica del *Parhelion* tra astrologia e cosmologia

1.1. L'iconografia: un parelio raffigurato trasversalmente

Analizziamo dunque l'iconografia dell'opera pittorica di Jacob El-bfas, copia di un dipinto emblematico scaturito dall'ambito lute-rano, considerato la più antica veduta panoramica della città di Stoccolma[1].

Innanzitutto la cattedrale, fulcro culturale e baluardo della Riforma, grandeggia al centro dell'isolotto della città e dunque del panorama terreno: la sua guglia svetta sopra tutti gli edifici mentre la sua facciata viene illuminata dal Sole (fig. 4).

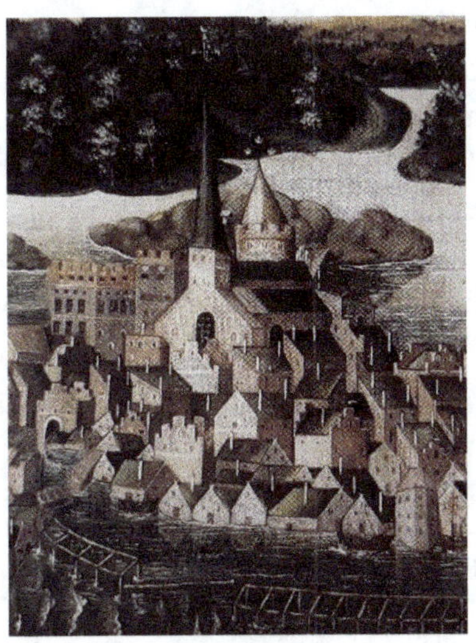

4. *Parhelion*, particolare con la Storkyrkan e il castello Tre Kronor la cui torre presenta la croce con le Tre Corone di Svezia

---

[1] Margareta Weidhagen-Hallerdt, *Från Birger Jarl till Gustav Vasa*, Katalog till Stockholm Medeltidsmuseum, Norstedts Tryckeri AB, Stockholm 1993, p. 18.

Il tempio sembra divenire spazio sacro di comunicazione tra cielo e terra, tra macrocosmo e microcosmo. La grande chiesa occupa infatti il baricentro dell'intera architettura iconografica terrena, restando saldamente unita al castello *Tre Kronor* (Tre Corone) la cui torre è sovrastata da una croce con le Tre Corone che entrarono a far parte dello stemma nazionale svedese già nel Trecento. Ai due lati della Storkyrkan svettano le guglie delle due chiese monastiche dei conventi Gråbrödraklostret (francescano) e Svartbrödraklostret (domenicano), soppressi a seguito delle decisioni prese dal parlamento riformatore di Västerås nel 1527[2].

La Storkyrkan si stringe al Regno, tuttavia il loro rapporto non sembra paritario; essa grandeggia con la sua mole e adombra il castello, dal momento che, a cagione del carattere astratto assunto dal dipinto e nonostante il Sole si trovi sulla destra, la luce viene da sinistra, illuminando gli edifici della città ed esaltando ancor più l'architettura del tempio cristiano.

Osserviamo che la marea del golfo ha ormai invaso Stoccolma, raggiungendo le abitazioni in parte sommerse. Il *signum* dunque si collega all'innalzamento inquietante delle acque.

Nonostante l'alta marea minacci di sommergere la città non si nota alcuna presenza umana; questa assenza incrementa il carattere incombente dell'evento celeste, poiché tutto è incentrato sulla meteora solare che viene raffigurata in modo sorprendente e amplificato.

Infatti "il fenomeno atmosferico è posto in proiezione verticale"[3].

---

[2] Sull'iconografia dello stemma svedese delle Tre Corone e delle chiese monastiche si vedano gli studi di Margareta Weidhagen-Hallerdt, *Från Birger Jarl till Gustav Vasa*, Katalog till Stockholm Medeltidsmuseum, Norstedts Tryckeri AB, Stockholm 1993, p. 20-22; *Tre Kronor* in *Analys av stadsbild och bebyggelse*, in *Vädersolstavlan i Storkyrkan*, 1999, pp. 26-27; *Klostren*, in ivi, pp. 27-29, dove la studiosa si occupa dell'analisi iconografica del paesaggio urbano e dei suoi edifici.

[3] "[...] framträder målningens övre parti med det i vertikal projektion utplacerade atmosfäriska fenomenet [...]": "la parte superiore del dipinto mostra il fenomeno atmosferico posto in proiezione verticale", in Andrea Hermelin, *En målning i reformationens tjänst Historik enligt skriftliga källor*, cit., p. 41.

Dunque se al centro di ogni parelio è posto il Sole, nel dipinto l'astro è invece decentrato. Il parelio posto in proiezione verticale, come viene rappresentato nel *Parhelion*, lo ritroveremo in diverse raffigurazioni del fenomeno posteriori al 1535[4].

Il dipinto presenta dunque l'immagine trasversale di un alone solare alla cui struttura completa vogliamo fare riferimento, come viene illustrata dall'astronomo Alfonso Fresa (fig. 5):

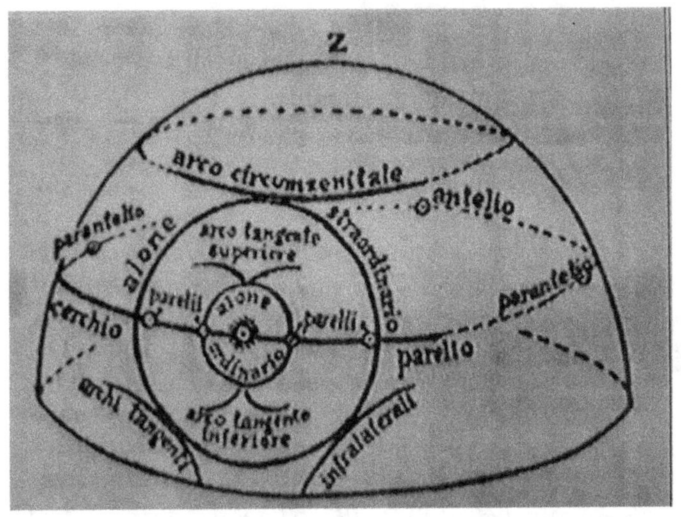

5. Struttura completa di un alone solare

Al centro della meteora è posto il Sole, circondato da un primo e piccolo alone: alone ordinario o principale, del diametro di 22° circa, e da un altro, maggiore: grande alone straordinario, di 45° circa. Entrambi sono tagliati a metà da una striscia bianca orizzontale; cerchio parelio. Nelle intersezioni o prossimi ad esse trovansi i parelii che sono le immagini del Sole; e propriamente chiamati ordinarii quelli appartenenti all'alone principale, e secondari gli altri due. A guisa degli aloni, i parelii sono colorati in rosso nella parte rivolta al Sole, e via via in giallo, in verde, ed infine azzurro nella parte opposta. È da notare che lo spazio di cielo compreso fra l'alone ordinario ed il Sole presenta una tinta più scura

---

[4] Si vedano le stampe storiche a foglio singolo sul tema degli aloni in *Historische Einblattdrucke zum thema haloerscheinungen*, Arbeitskreis Meteore e. V., https://www.meteoros.de/themen/halos/geschichte/einblattdrucke.

del fondo del cielo. Sul cerchio parelio si notano altre immagini del Sole: i parantelii, che trovansi a circa 120° dal Sole e l'antelio a 180°. Inoltre gli aloni posseggono gli archi tangenti, e propriamente quello principale si presenta con due archi, uno superiore ed uno inferiore, passanti entrambi per lo stesso verticale dell'astro. Essi assumono forme svariatissime a seconda dell'altezza del Sole[5].

Dunque sul cerchio parelio di ogni alone completo, in prossimità del Sole, a 22° si trovano i due *parelii ordinarii*; a 45° i due *parelii secondari*; a 120° i due *parantelii* e a 180° l'*antelio*: si tratta di sette soli fittizi.

Nel dipinto della Storkyrkan si notano invece, oltre al vero Sole, cinque soli apparenti: due *parelii* più brillanti, due *parantelii* e l'*antelio*; attorno al Sole è stato effigiato l'anello corrispondente all'alone ordinario che si forma attorno all'astro.

Osserviamo inoltre un'interessante peculiarità, ovvero nell'ambito del fenomeno raffigurato trasversalmente i baricentri diventano due: il primo individuato nel circolo parelio; il secondo fa perno naturalmente sul Sole circondato dall'alone, su cui insistono i due archi con i *parelii*.

Due centri si configurano dunque nell'ambito della meteora celeste; essi sembrano rispondere ai due centri di forze che si stringono saldamente nell'ambito del paesaggio terreno, ovvero la Chiesa ed il Regno.

Si tratta di un teorema terrestre e di una monade astrale che si rispecchiano l'uno nell'altra; i raggi della monade celeste riverberano sul mondo sublunare esercitando il loro potere assoluto.

---

[5] Alfonso Fresa, *La Luna. Movimenti, topografia, influenze e culto*, Hoepli, Milano 1933, commento alla figura 115 alla quale abbiamo fatto riferimento.

1.2. Il *Parhelion* cela la configurazione astrologica del 20 aprile 1636

Ci siamo posti da subito l'interrogativo se l'evocativo dipinto celeste dall'aspetto metafisico potesse collegarsi a una configurazione astrologica, dal momento che il parelio così raffigurato in proiezione verticale si presta a diventare anche un'immagine dell'eclittica o Zodiaco, la circonferenza tracciata dal Sole nel suo moto apparente attorno alla Terra nel corso dell'anno.

Lungo l'eclittica dei dodici segni zodiacali vengono infatti a transitare i corpi celesti, le cui posizioni giornaliere sono calcolate nelle *Effemeridi*[6].

Abbiamo consultato dunque le *Effemeridi* geocentriche per il giorno 20 aprile 1535, la data in cui, a cagione dell'iscrizione, si ipotizza da sempre si sia verificato il *signum,* ma la configurazione planetaria di quel giorno non corrisponde alla collocazione dei sei astri effigiati.

Consultando invece le *Effemeridi* per il 1636, abbiamo rilevato che effettivamente all'iconografia del *Parhelion* corrisponde la configurazione planetaria del 20 aprile di quell'anno, come abbiamo evidenziato nei nostri studi passati[7].

Si tratta di una combinazione astrologica particolare, infatti i pianeti, come in un orologio cosmico, hanno ritmi regolari ma differenti; non è facile dunque osservarli proprio in quella successione e in quei gradi nell'ambito dell'eclittica.

---

[6] "Per Effemeridi si intendono delle Tavole o Tabelle che riportano, giorno per giorno, i fenomeni astronomici di un certo periodo. Le Effemeridi usate dagli astrologi riportano, per ogni giorno dell'anno, il tempo siderale e le posizioni zodiacali dei pianeti (calcolate per le ore 0 o le ore 12). Si possono ricordare le Effemeridi del Raphael (fascicoli annuali), le Effemeridi tedesche del Barth, le Effemeridi Rosicruciane. Alcune Effemeridi riportano le posizioni dei pianeti non solo in longitudine zodiacale, ma anche in declinazione e, per il Sole e la Luna, la posizione anche in latitudine": Antonino Anzaldi; Luigi Bazzoli, *Dizionario di Astrologia,* Rizzoli, 1988, *ad vocem.*

[7] Gianna Pinotti, *Un'apparizione celeste tra numero e mistero: i segreti del Parhelion di Stoccolma (prime considerazioni),* in "l'area di Broca", *Numeri, numeri...,* 80-81, giugno 2005, pp.14-16 (www.emt.it/broca81.pdf).

Possiamo rilevare che questa configurazione astrologica presenta i sette corpi celesti (il Sole e la Luna e i cinque pianeti sino ad allora conosciuti, ossia Mercurio, Venere, Marte, Giove e Saturno) distribuiti lungo l'eclittica proprio nelle posizioni occupate nel dipinto *Parhelion* dal Sole, dai due *parelii*, dai due *parantelii* e dall'*antelio*: le *Effemeridi* del 20 aprile 1636 indicano infatti che il Sole si trovava tra Venere e Mercurio, identificabili nei due *parelii*, mentre gli altri tre corpi celesti venivano ad occupare le posizioni degli altri tre soli effimeri sul circolo parelio, ovvero i pianeti Saturno e Giove occupavano le posizioni dei due *parantelii*, e Marte dell'*antelio*.

La Luna coincideva con l'*antelio* giacchè era entrata in congiunzione con il pianeta Marte e stava per compiere il *plenilunio* in opposizione al Sole[8].

Presentiamo dunque le due illustrazioni che mostrano la configurazione astrologica per il 20 aprile 1636 coi corpi celesti tolemaici disposti lungo l'eclittica (fig. 6) e l'identificazione nei soli del dipinto *Parhelion* dei suddetti pianeti secondo la configurazione di quel giorno (fig. 7).

Le *Effemeridi* geocentriche per il giorno 20 aprile 1636 alle ore 7 antimeridiane indicano dunque le diverse posizioni planetarie da cui possiamo ricavare, in modo abbastanza preciso, gli aspetti (fig. 8) nati dalle relazioni reciproche dei sette corpi celesti come da noi identificati sul circolo parelio; da queste posizioni, secondo la disciplina astrologica, si riteneva dipendessero gli effetti sul mondo sublunare; inoltre nelle pratiche astrologiche gli aspetti venivano da sempre analizzati, in concomitanza alle posizioni dei pianeti nei segni e nelle case, per interrogare il destino in relazione a particolari accadimenti, oppure per considerare, ad esempio, le tendenziali attitudini dell'individuo e per redigere pronostici, attraverso l'analisi dei transiti, ovvero della combinazione dei moti planetari giornalieri con l'oroscopo natale.

---

[8] Durante il *plenilunio* la Luna si presenta completamente illuminata poiché la sua posizione, rispetto ala Terra, è opposta a quella del Sole: durante il *plenilunio* la longitudine geocentrica di Luna e Sole differisce infatti di 180°.

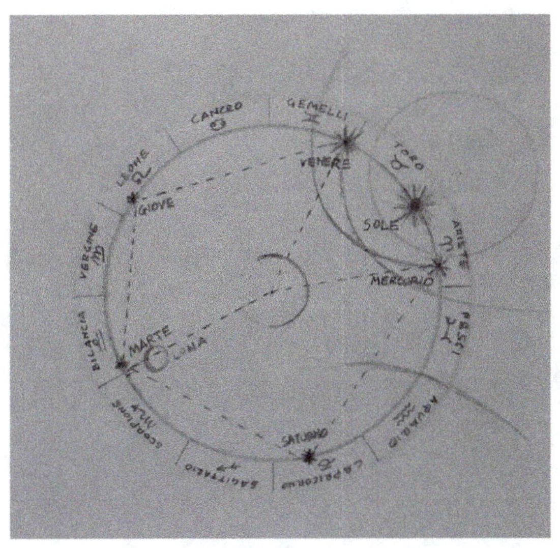

6. Gianna Pinotti, configurazione astrologica per il 20 aprile 1636
ore 7.00 antimeridiane

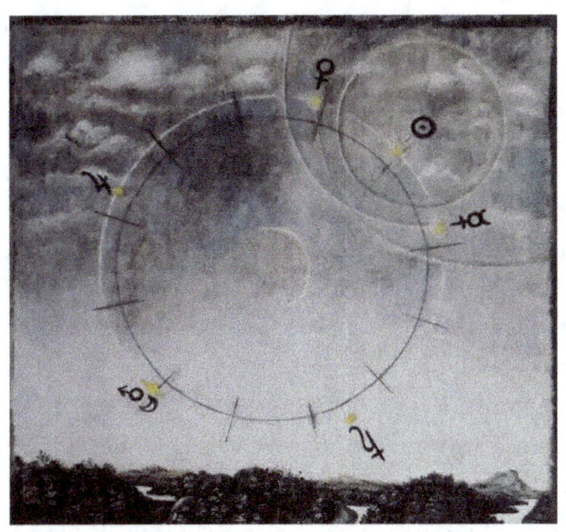

7. Gianna Pinotti, identificazione nel dipinto *Parhelion* dei pianeti tolemaici
come disposti lungo l'eclittica il giorno 20 aprile 1636

Nella configurazione del 20 aprile 1636 il Sole era appena entrato in Toro (0° 54') e si trovava sul circolo dell'eclittica proprio

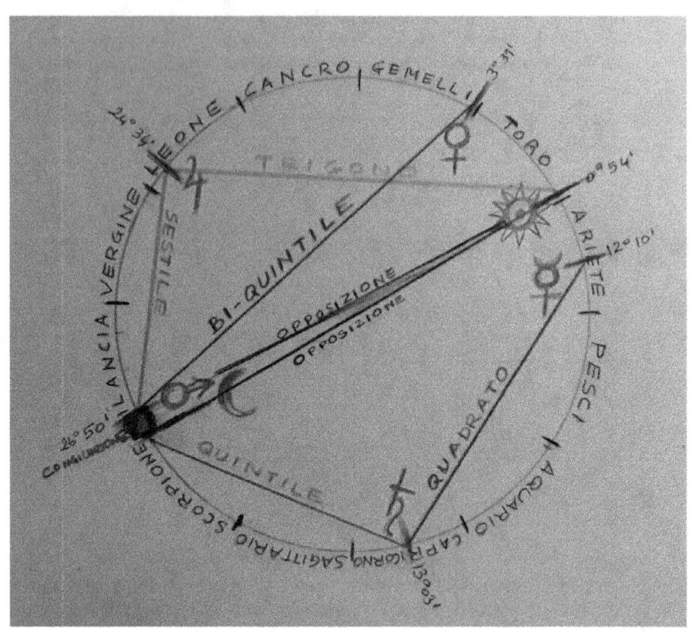

8. Gianna Pinotti, configurazione per il giorno 20 aprile 1636
con gli aspetti planetari

tra Mercurio, che si trovava al 12° 10' circa di Ariete, e Venere, che si trovava al 3° 39' circa di Gemelli, dunque notiamo che il Sole non era equidistante dai due corpi celesti, ovvero era più prossimo a Mercurio rispetto a Venere, una differenza che, se ben guardiano, emerge nel quadro *Parhelion,* dove i due archi dei *parelii* si intersecano asimmetricamente.

Proseguendo nella lettura delle *Effemeridi* astrologiche vediamo che Giove retrogrado si trovava al 24° 34' circa di Leone, Marte a sua volta retrogrado al 26° 50' circa di Bilancia e Saturno al 13° 03' circa di Capricorno.

Possiamo segnalare diversi aspetti: quel mattino la Luna entrava in *Opposizione* al Sole (180°): era appena entrata in *Congiunzione* con Marte, anch'esso *opposto* al Sole, per poi entrare velocemente in Scorpione compiendo il *plenilunio* dopo le 7; notiamo così che, con leggeri scarti d'orbita, che in astrologia vengono tollerati rispetto alla distanza esatta di ogni aspetto, tra Giove e Marte si forma un *Sestile* (62°); tra la Luna in Scorpione e Saturno in Capricorno un aspetto minore detto *Quintile* (72°); tra Mercurio e Saturno un *Quadrato* (89°); tra Venere e Marte un aspetto minore detto *Bi-quintile* (144°), tra Giove e Sole un *Trigono* dissociato (115°).

Inoltre alcuni pianeti il giorno 20 aprile 1636 venivano a trovarsi in moto retrogrado[9], molto importante dal punto di vista astrologico giacché, come avremo modo di analizzare anche in seguito[10], pianeti come Mercurio e Marte che si presentavano in quel momento retrogradi, prolungando il loro transito nell'ambito di eventuali aspetti da loro formati con gli altri corpi celesti, avrebbero potenziato il loro influsso interessando non solo pochi gradi dell'eclittica (che corrispondono a pochi giorni), come avviene solitamente nel loro regolare moto diretto, bensì un arco spazio temporale ben più ampio, oscillando tra l'inizio e la fine del lungo processo di retrogradazione[11], giacché il moto retrogrado di un pianeta si compie in più tempi, ovvero dopo un regolare moto diretto, incomincia una retrogradazione che ripercorre all'indietro per un certo tragitto gli stessi gradi, a cui segue un ritorno in moto diretto che insiste ancora una volta su quei gradi percorsi precedentemente prima in moto diretto e poi in moto retrogrado. Du-

---

[9] Il moto apparente retrogrado, provocato dalla diversa velocità angolare della Terra rispetto ai vari pianeti, è quello per il quale, all'osservatore sulla Terra, un pianeta sembra procedere all'indietro lungo l'Eclittica; il pianeta per queste condizioni, viene detto retrogrado. Si veda Antonino Anzaldi; Luigi Bazzoli, *Dizionario di Astrologia*, Rizzoli, 1988.

[10] Si veda questo stesso saggio alle pp. 76-78.

[11] Ricordiamo che ogni pianeta è caratterizzato da un suo tempo di retrogradazione. "È inteso che la durata delle retrogradazioni, così come il tempo che le separa, è variabile secondo la posizione del pianeta retrogrado sulla sua orbita. Le cifre qui appresso sono dei valori medi ma calcolati con cura. [...] Saturno per 4 mesi e 15 giorni ogni 380 giorni; Giove durante 4 mesi ogni 13 mesi circa; Marte durante 72 giorni nel corso di 2 anni 1 Mese e 15 giorni; Venere durante 42 giorni ogni 19 mesi e 10 giorni; Mercurio durante 23 giorni ogni 3 mesi e 25 giorni": Henri-J- Gouchon, *Dizionario di Astrologia*, Armenia, Milano 2001.

rante il moto retrogrado accade che nei due punti della retrogradazione che segnano il suo incominciamento e la sua conclusione, il pianeta sembra rallentare sempre più la sua velocità sino a fermarsi, sostando così in quei punti dell'eclittica per più giorni, trasformandosi in un pianeta più lento, insistendo così con il suo influsso su possibili punti cruciali della configurazione.

Inoltre, come dicevamo, il 20 aprile 1636 si stava compiendo il *plenilunio* e dunque questa situazione astronomica avrebbe potuto collegarsi all'innalzamento delle acque che invadono la città per l'influenza della Luna piena sulle maree[12], conformandosi, come avremo modo di spiegare, all'iconografia luterana di matrice apocalittica, giacché nei pronostici metereologici diffusi nel Cinquecento aloni solari e parelii presagivano abbondanti piogge e alluvioni.

Dunque, secondo la nostra indagine astrologica, la data del 20 aprile si riferirebbe all'anno 1636 e non al 1535.

D'altra parte il giorno 20 aprile 1535, la cui configurazione astrale corrispondente non viene a coincidere con l'iconografia del dipinto, non veniva menzionato nelle testimonianze posteriori relative al fenomeno celeste apparso sopra Stoccolma al tempo di

---

[12] L'influenza della Luna sulle maree era stata studiata dagli astronomi greci. Nel *Tetrabiblos* di Claudio Tolomeo, su cui si basavano gli studi degli astrologi tra Cinque e Seicento, e di cui venne pubblicata la prima traduzione dal greco al latino nel 1553 a Basilea dal riformatore Filippo Melantone che si occupò di astrologia, viene esaminato la relazione tra la Luna e le acque: "La Luna, il corpo celeste più vicino alla terra, esercita su di essa una considerevole influenza; è all'unisono con la Luna che hanno luogo i cambiamenti della maggior parte degli esseri inanimati e animati: i fiumi aumentano e diminuiscono le correnti secondo le fasi lunari, i mari variano le maree in tempi corrispondenti al sorgere e tramontare della Luna, piante e animali, in maggior o minor misura, crescono e declinano con lei": Tolomeo, *Tetrabiblos*, I 2, 3, in *Arcana Mundi*, vol. II, *Divinazione, Astrologia, Alchimia*, a cura di Georg Luck, Fondazione Lorenzo Valla, Mondadori, Milano 1999. Sulle osservazioni e correlazioni esposte da Tolomeo, l'astronomo Johann Kepler elaborò nel 1609 la sua teoria delle maree, dovute all'attrazione gravitazionale della Luna, che durante il *plenilunio* si trova allineata con Sole e Terra.

Olaus Petri, testimonianze che invece indicavano, come avremo modo di spiegare, la data del 1 aprile 1535.

Riteniamo infatti che nell'iscrizione barocca sia stata indicata la data del 20 aprile a cagione della configurazione astrologica peculiare che nel 1636, proprio in quel giorno 20 aprile e in quell'ora in cui cadeva anche il *plenilunio* quando la Luna dopo essersi congiunta con Marte negli ultimi gradi del segno della Bilancia sarebbe entrata poi nel segno dello Scorpione, veniva a coincidere eccezionalmente con l'iconografia della meteora che era stata raffigurata nel 1535 e che Elbfas corresse, seppur in modo quasi impercettibile, ponendo appunto i due *parelii* (corrispondenti a Venere e Mercurio) in posizione leggermente decentrata rispetto al Sole, fatto che risulta secondo noi particolarmente rilevante giacché costituirebbe una delle prove della dipendenza del *Parhelion* dalla configurazione astrologica del 1636.

Nonostante il quadro seicentesco di Elbfas si riconduca al parelio realizzato nel 1535, fedeltà che viene comprovata da alcune testimonianze iconografiche che nel Cinquecento facevano riferimento alla meteora esposta nella Storkyrkan[13], dovremo dunque verificare se esiste la possibilità per cui la configurazione astrologica del 20 aprile 1636, che veniva straordinariamente ed esotericamente a conformarsi con l'antica iconografia della meteora ottica, avrebbe potuto collegarsi ad eventi decisivi inerenti la storia politico-religiosa di Svezia in quel particolare momento, mantenendosi tuttavia aderente all'antica opera dispersa che venne commissionata da Olaus Petri in un momento cruciale per la storia della Riforma svedese ai suoi albori.

Questa duplicità storica che secondo noi contraddistingue il dipinto *Parhelion* e che è venuta a costruirsi per ragioni complesse e

---

[13] Ci riferiamo in particolare a una illustrazione, di cui avremo modo di parlare in questo saggio, contenuta nel manoscritto illustrato *Om meteorer* del pastore luterano Joen Petri Klint (morto nel 1608); inoltre a una incisione di Jacob Matham, probabilmente eseguita nel 1599; entrambe le testimonianze iconografiche in Martin Kjellgren, *Taming the Prophets. Astrology, Orthodoxy and the World of God in Early Modern Sweden*, ed. Sekel, Lund 2011, p. 73 e p. 76.

profonde, è assolutamente rilevante poiché infonderebbe nell'immagine una doppia anima e una eccezionale polisemanticità, rendendola un'opera unica.

Dunque avremo modo di chiarire, nei successivi capitoli, come solo una mente straordinariamente poliedrica, nutrita di grande cultura esoterica e visuale, abituata agli esercizi astrologici e all'applicazione della simbologia, avrebbe potuto concepire nel 1636 il misterioso progetto artistico, trasfondendo in quella che avrebbe dovuto essere una semplice copia dell'antico dipinto, la sapienza degli astri a costruire un sostrato ermetico di non facile decodificazione.

1.3. Nel dipinto *Parhelion* è riconoscibile la teoria astronomica di Eraclide da Ponto. Fonti testuali

Proseguendo nell'analisi del dipinto, dobbiamo osservare un altro aspetto fondamentale di carattere astronomico che si ricondurrebbe al contenuto astrologico del *Parhelion*, coi sette pianeti dislocati proprio in quell'ordine: ovvero nella configurazione astrologica che sottende all'iconografia della meteora è riconoscibile la teoria cosmologica elaborata da Eraclide da Ponto (388-315 a.C.), che si porrebbe in perfetta sinergia con la configurazione planetaria suddetta.

Infatti Eraclide, astronomo greco formatosi all'Accademia di Atene, sosteneva che attorno al Sole avrebbero ruotato due pianeti, Venere e Mercurio, mentre la Terra avrebbe ruotato attorno al proprio stesso asse una volta al giorno (rotazione diurna) restando al centro del sistema planetario nel quale tutti i corpi celesti – ovvero i tre più esterni (Marte, Giove e Saturno) e il microsistema formato dal Sole con Venere e Mercurio – avrebbero ruotato intorno ad essa.

Interessante dunque osservare come la teoria cosmologica eraclidea si conformi iconograficamente alla meteora ottica raffigurata ovvero alla configurazione planetaria rappresentata, quando Mercurio e Venere affiancavano il Sole sull'eclittica in quell'ordine preciso, divenendo i due pianeti possibili translitterazioni dei due *parelii*.

La teoria di Eraclide pontico venne ripresa nei corso dei secoli successivi da alcuni scrittori che si occuparono di cosmologia e di stelle come il grammatico cartaginese Marziano Capella che visse tra IV e V secolo d.C. e che nel testo *De nuptiis Philologiae et Mercurii* dedicava un intero capitolo all'astronomia con riferimenti alla teoria eraclidea[14].

Questo testo di Marziano Capella trovò diffusione nel Medioevo e nel Rinascimento (fig. 9), giungendo, come avremo modo di spiegare, anche nel colto ambiente della Corte svedese, da cui riteniamo discenda il programma iconografico del *Parhelion*.

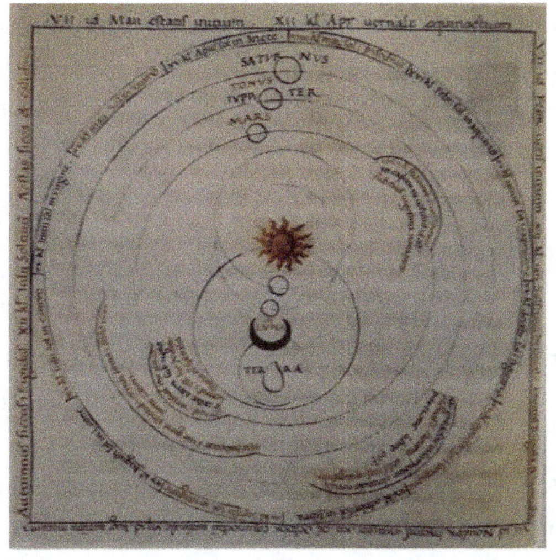

9. Il cosmo secondo Eraclide pontico, da un codice miniato del XV secolo che riproduce *De nuptiis Philologiae et Mercurii* di Marziano Capella

---

[14] "Venus vero ac Mercurius non ambient terram. [...] Eorum circuli terras omnino non ambient, sed circa solem laxiore ambitu circulantur. Denique circulorum suorum centron in sole constituent": Martianus Capella, *De nuptiis Philologiae et Mercurii*, documento in Max E. Lippitsch, Sonja Draxler, *Planetary Astronomy up to Johannes Kepler and Isaac Newton*, Jan. 2012, in www.academia.edu.

D'altronde l'ipotesi di Eraclide si mostrava senz'altro affascinante per la sua peculiarità, ovvero per il fatto che essa non negava al Sole la possibilità di divenire fulcro di un piccolo sistema planetario, facendo in modo che la Terra conservasse il suo ruolo di centro universale. Dunque la teoria non fu priva di estimatori non solo in epoca classica bensì anche nel passaggio all'evo moderno, quando, nonostante l'eliocentrismo copernicano guadagnasse credito[15], alcuni cosmologi non intesero rinunciare al geocentrismo di matrice tolemaica, ovvero all'antropocentrismo, che aveva supportato per secoli la stessa mentalità astrologica, tanto radicata nella cultura occidentale che non tramontò neppure con l'avvento della rivoluzione scientifica, quando i più grandi astronomi ne approfondirono alcuni importanti filoni tematici.

Un altro prestigioso manoscritto astrologico che presentava la teoria eraclidea e che trovò diffusione nel XVI e XVII secolo, particolarmente importante relativamente alla nostra ricerca, è il codice miniato di epoca carolingia *Aratea di Leida*, che giunse a sua volta alla Corte di Svezia[16].

Il codice contiene i capitoli di astronomia dei *Phaenomena* di Arato di Soli (315-240 a.C.), nella traduzione latina di Claudio Cesare Germanico: la miniatura posta in fondo al codice raffigura un planetario a carattere astrologico (fig. 10) che attinge appunto alla teoria di Eraclide; in questa illustrazione possiamo notare che attorno alla Terra, centro del sistema planetario, ruotano Luna, Marte, Giove e Saturno; Venere e Mercurio orbitano attorno al Sole, a sua volta orbitante con quelli attorno alla Terra.

Sui circoli delle orbite dei singoli corpi celesti si leggono brani della *Naturalis Historia* di Plinio[17].

---

[15] Come è stato rilevato, lo stesso Copernico citava l'opera di Marziano Capella nel passo in cui argomentava delle orbite di Mercurio e di Venere nel suo *De revolutionibus orbium coelestium*, libro I, cap. 10: si veda Max E. Lippitsch, Sonja Draxler, op. cit.

[16] Sugli *Aratea di Leida* e la loro storia collezionistica si veda Christopher de Hamel, *Storia di dodici manoscritti*, Mondadori, Milano 2017.

[17] "Written around the circular orbit of each planet are Latin quotations from *Historia naturalis* of Pliny the Elder (A.D. 23-79). These inscriptions state each

L'aspetto interessante che caratterizza il planetario, e che ci induce a considerarlo una possibile fonte iconografica per il dipinto *Parhelion*, consiste nel fatto che il sistema cosmologico è posto all'interno della ruota Zodiacale con le dodici costellazioni attraverso cui possono essere identificate le posizioni dei pianeti nei segni, potendo così risalire a una datazione, giacché si tratta della configurazione astrologica di un particolare giorno che gli storici hanno cercato di identificare.

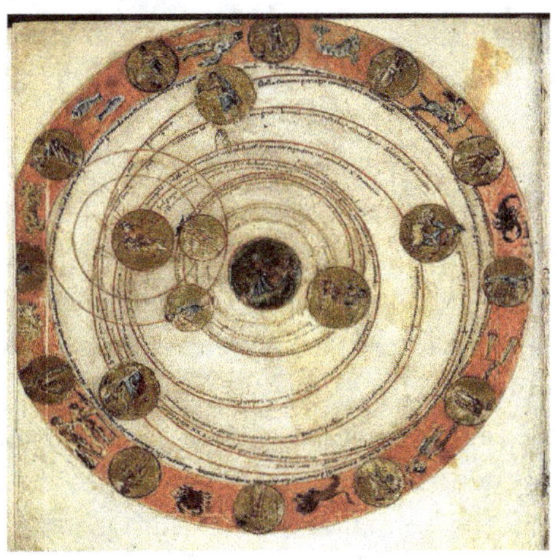

10. Aratea, *Planetario*, Leiden, Universiteitsbibliotheek
ms. Voss. Lat. Q79, fol. 93v.

Come è stato rilevato, il planetario mostrerebbe la configurazione per una data particolarmente significativa che corrisponderebbe al 18 marzo 816, giacché, come ha spiegato Christopher de Hamel "il 18 marzo segnava un anniversario importantissimo. Stando ai calcoli de *De temporibus* di Beda, che nel IX secolo era

____

planet's point of nearest approach to (perigee) and furthest point from (apogee) the earth. They also give the exhulation of each planet, which is its position of greatest astrological influence": Emilie Savage-Smith, *The Ancient Poems and Its Presentation*, in Ranee Katzenstein, Emilie Savage-Smith, *The Leinden Aratea. Ancient Constellations in a Medieval Manuscript*, The J. Paul Getty Museum, Malibu 1988, p. 17.

ancora il testo standard sui calendari, quella era la data della creazione dell'universo. [...] E stando a quanto scritto da Beda, il Creatore aveva completato l'opera il 18 marzo"[18]. Per quanto riguarda l'anno 816, lo studioso ci spiega che il figlio di Carlo Magno, Ludovico il Pio, considerato il committente del manoscritto, venne incoronato imperatore nell'816, ed è attestato come fra i suoi interessi ci fossero sia la religione che l'astronomia.

Davvero interessante notare come si sia cercato di consacrare, o meglio rendere divino, l'avvento di un'epoca di governo come novella età del mondo che si sarebbe aperta l'anno dell'incoronazione imperiale nello stesso giorno scelto da Dio per compiere la Creazione dell'universo.

Dunque riteniamo che il *Parhelion* dipinto da Elbfas abbia potuto ispirarsi concettualmente al planetario di tipo arateo, astrologico e cosmologico al contempo, mostrando le posizioni planetarie di un preciso giorno, ovvero il 20 aprile 1636, che sarebbe risultato di particolare importanza spirituale e politica, aprendo a sua volta una nuova epoca storica.

Non sorprende a questo punto il collegamento tra l'iconografia del *Parhelion* e la teoria di Eraclide pontico in chiave zodiacale, riconducendosi a sua volta il dipinto di Elbfas alla configurazione del 20 aprile 1636, quando Mercurio e Venere affiancavano il Sole in quell'ordine preciso, creando uno dei due baricentri nell'ambito dell'immagine.

---

[18] Christopher de Hamel, cit. Sul planetario del codice *Aratea di Leida* e sul dibattito relativo all'identificazione della data a cui esso farebbe riferimento rimandiamo agli studi di Jacques Flamant, *Un témoin intéressant de la théorie héliocentrique d'Heraclide du Pont. Le manuscript Vossianus Latinus 79 quarto de Leyde*, in Hommage à Maarten J. Vermaseren, eds. M.B. de Boer and T.A. Edridge, Leiden 1978; Bruce Stansfield Eastwood, *Origins and contents of the Leiden planetary configuration (mn Voss. Q.79, fol. 93v), an artistic astronomical schema of the early middle ages*, in "Viator", 14, 1983, pp. 1-47; Richard Mostert, Marco Mostert, *Using astronomy as an aid to dating manuscript. The example of the Leiden Aratea planetarium*, in "Quaerendo", 20, Issue 4, 1990, pp. 248-261; Stephen C. McCluskey, *Astronomies and Cultures in Early Medieval Europe*, New York, Cambridge University Press, 2000, p. 141; Max E. Lippitsch, Sonja Draxler, *Planetary Astronomy up to Johannes Kepler and Isaac Newton*, Jan. 2012, in www.academia.edu.

D'altronde Jacob Heinrich Elbfas era pittore ufficiale della Corte svedese che, come altre Corti europee, fu molto legata alle pratiche astrologiche e culturalmente influenzata da pensatori eccezionali che coltivavano interessi esoterici, alchemici, cabalistici, collezionando preziosi testi, e dove non mancarono apporti da parte di illustri intellettuali e astronomi che si dedicarono allo studio dei fenomeni celesti e dell'astrologia.

Tra queste personalità vogliamo porre l'attenzione in particolare su Huig de Groot, ossia Hugo Grotius (1583-1645), che entrò al servizio della Corona di Svezia dal 1634: l'intellettuale olandese, noto per i suoi eccezionali interessi culturali, dei quali torneremo a discorrere, celeberrimo giurista, filosofo, teologo e filologo, era un grande bibliofilo e ancor giovanissimo era entrato in possesso sia dell'opera di Marziano Capella che del codice *Aratea* di Leida, che egli utilizzò per realizzare la propria edizione *Syntagma Arateorum, Opus poeticae et astronomiae utilissimum*, pubblicata a Leida nel 1600[19], che avrebbe ripreso esattamente il planetario eraclideo con la configurazione astrologica (fig. 19).

Inoltre gli studi recenti di Martin Kjellgren, relativi alla storia dell'astrologia nella Svezia moderna, hanno messo in luce l'importanza di alcuni astronomi che si erano dedicati all'astrologia pratica e che furono in strettissimi rapporti con la Corte, peraltro interessata a prestigiosi libri sull'argomento[20].

Tra queste figure spiccano Sigfrid Aron Forsius (1560-1624), che esercitò la professione di astrologo per la Corte svedese, e, come ha rilevato a sua volta Kjell Lekeby, si presenta come una "figura chiave, la cui influenza sui circoli intellettuali del XVII secolo fu davvero considerevole", il mistico e cabbalista Johannes Bureus (1568-1652), che noi reputiamo direttamente coinvolto

---

[19] "Grozio pubblicò il suo primo libro, un'edizione di Marziano Capella, nel 1599, quando aveva sedici anni; quella degli *Aratea*, che intitolò *Syntagma Arateorum, Opus poeticae et astronomiae utilissimum* fu pubblicata poco dopo, nel 1600, a Leida." in Christopher de Hamel, op. cit.

[20] "Exclusive astrological books were covered by members of the royal family and higher nobility": Martin Kjellgren, op. cit., p. 64.

nella genesi iconografica del *Parhelion* del 1636 e che, sebbene venisse "considerato un eretico dai teologici contemporanei, divenne insegnante e confidente del re Gustavo Adolfo", il professore di astronomia e teologo Petrus Schomerus (1607-1660), convinto della validità dell'astrologia, e il docente di matematica Nicolaus Malmenius che "nel 1633 suggeriva che le stelle esercitavano una influenza considerevole sul mondo sublunare"[21].

1.4. Translitterazione del parelio dal XVI al XVII secolo: da *signum* presago a teorema astrale

Come avremo modo di verificare nel corso di questa ricerca, nonostante le modifiche paesaggistiche apportate nel 1636, l'iconografia del *Parhelion* seicentesco si mantiene il più possibile fedele al dipinto cinquecentesco[22].

Tuttavia, prima di proseguire nella nostra ricerca filologica e iconologica, vogliamo osservare che la copia realizzata nel 1636 vive in un contesto scientifico, storico culturale e filosofico molto diverso da quello in cui venne eseguito il dipinto del 1535.

Infatti al tempo del predicatore luterano Olaus Petri, che commissionò il quadro nel 1535, il parelio era considerato un *signum* presago ammonitorio prodigioso e imperscrutabile, e questo si legava non solo al fatto che, secondo il pensiero luterano, l'evento celeste rientrava in una visione apocalittica della storia per cui i fenomeni della natura erano strumenti divini per esortare l'umanità peccatrice, che con l'avvento della Riforma stava per vivere uno stravolgimento epocale, bensì al fatto che non erano ancora note le leggi fisiche che generavano la meteora ottica, leggi che al

---

[21] Kjell Lekeby, *Astrology in early modern Swedish*, in *Western Esotericism in Scandinavia*, Brill, Leiden, Boston 2016, pp. 78-88.

[22] "Det ligger i kopierandets natur att man vill komma så nära originalet som möjligt": "è nella natura della copia che si desidera avvicinarsi il più possibile all'originale", in Margareta Weidhagen-Hallerdt, *Sammanfattning*, in *Analys av stadsbild och bebyggelse*, in *Vädersolstavlan i Storkyrkan*, cit., 1999, p. 36.

tempo di Jacob Elbfas, in piena rivoluzione scientifica, stavano per essere scoperte e pubblicate.

Come le più antiche civiltà avevano adorato il Sole e la Luna, divinità magnifiche, oscure e misteriose, da cui dipendevano non solo i cicli stagionali della vita e della morte, bensì il linguaggio degli dèi, e interpretavano le manifestazioni celesti, ad esempio le eclissi[23], come supremi messaggi funesti, giungendo ad un certo momento ad antropomorfizzare le due grandi presenze astrali e immortali, parimenti gli uomini del Cinquecento consideravano le meteore ottiche, comete e parelii, eventi celesti e metereologici straordinari e, nell'ambito della Riforma protestante, segnali di ammonimento guardati con trepidante animo.

Le parole del predicatore anabattista Jacob Hutter lo testimoniano; in una lettera nel 1533 egli descriveva l'apparizione di un parelio come un evento miracoloso:

Mio amatissimo bambino, voglio raccontarti che nel giorno seguente la partenza dei nostri fratelli Kuntz e Michel, in un venerdì, vedemmo tre soli nel cielo per un bel po' di tempo, circa un'ora, così come due arcobaleni. Questi avevano le loro parti esterne vicine l'una all'altra, quasi a contatto nel mezzo, e le loro estremità orientate in direzioni opposte. E questo io, Jacob, l'ho visto con i miei occhi, e molti fratelli e sorelle l'hanno visto con me. Dopo un po' i due soli e gli arcobaleni sono scomparsi, ed è rimasto l'unico Sole. Sebbene gli altri due soli non fossero luminosi quanto il primo, erano chiaramente visibili. Sento che questo è stato un miracolo non da poco[24].

Come dicevamo, al tempo di Elbfas si cominciò a studiare approfonditamente il fenomeno. Il gesuita Christoph Scheiner (1573-1650), docente di matematica e astronomia a Roma tra 1624 e 1633, osservò il 24 gennaio 1630 un fenomeno atmosferico straordinario, quando comparvero in cielo ben sette soli.

---

[23] Sulle eclissi si veda André Barbault, *Le eclissi*, in *Astrologia Mondiale*, Armenia, Milano 2001, pp. 89-113; lo studioso dedica inoltre un capitolo del suo libro a *Le comete*, pp. 141-145.

[24] Jacob Hutter, *Brotherly Faithfulness: Epistles from a Time of Persecution*, Rifton, NY, Plough Publishing, [1533]1979, fonte in Wikipedia, l'enciclopedia libera, alla voce *Parelio*.

Scheiner lo esaminò, illustrandolo nel suo libro dedicato ai parelii (fig. 11), mettendo il materiale a disposizione degli scienziati come Descartes, Gassendi, Huygens[25], che a loro volta studiarono la meteora ottica.

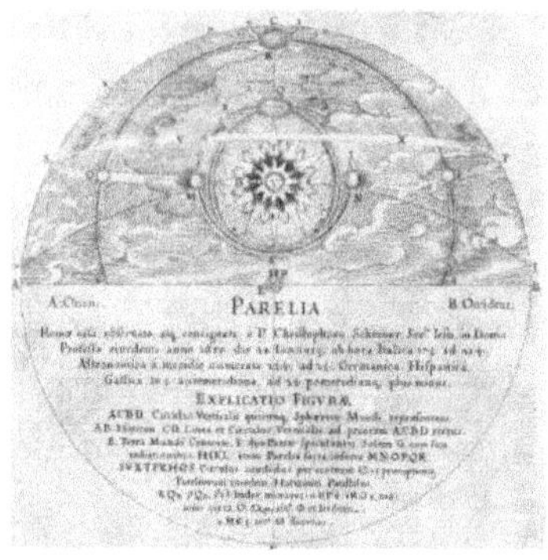

11. Christoph Scheiner, *Parelia*, 1630,
Herzog August Bibliothek Wolfenbüttel, Graph. C707

Tra gli scienziati fu proprio il filosofo René Descartes, che peraltro nel 1649 divenne insegnante della regina Christina di Svezia, colui che si interessò maggiormente alle meteore ottiche, tanto che, non appagato dei risultati del collega Scheiner, aveva a sua volta cominciato ad affrontare il problema del parelio, proseguendone lo studio, cercando innanzitutto di comprendere a fondo il fenomeno dell'arcobaleno, dal momento che

Egli era mosso dall'idea che se fosse riuscito a capire la natura dell'arcobaleno, avrebbe potuto non solo spiegare i paraeli ma praticamente tutta l'ottica. Si mise subito al lavoro ma dovette aspettare proprio le *Météores* (1637) per dar conto dei suoi studi[26].

---

[25] Si veda Kate McAlpine, *The seven suns of Rome. A diagram lost for more than 350 years documents a speculation sky of 1630* in "Nature", 30 september 2011. Lo studio del fenomeno da parte di Scheiner venne fatto circolare in Francia e Olanda da Nicolas Claude Fabri de Peiresc (1580-1637), astronomo e scienziato che teneva corrispondenza con gli altri ricercatori.
[26] Roberto Renzetti, *Metodo fisica e metafisica in René Descartes* (1), in Fisicamente.blog, 12 luglio 2020.

A sua volta l'astronomo olandese Christiaan Huygens (1629-1695), noto per i suoi studi sull'ottica, nella sua *Dissertatio de coronis et parheliis*, faceva una ricognizione dei principali parelii descritti dalle fonti antiche e contemporanee, ricordando anche quello apparso sopra Stoccolma nel 1535[27].

Dunque grandi trasformazioni erano in corso all'epoca. Il parelio, come altri fenomeni naturali, era destinato a perdere la sua imperscrutabilità, trovando una spiegazione scientifica, disperdendo la sua significazione ammonitoria, mostrandosi ancora capace di destare meraviglia, senza tuttavia tormentare le coscienze infondendo timori.

Il dipinto *Parhelion* del 1636 si collegava dunque a un diverso contesto di indagine, ereditando tuttavia dal passato l'aspetto di *omen* solenne; la significazione ammonitoria nei confronti dei sovrani empi e dell'umanità peccatrice si sarebbe così disciolta a ricercare novelli simbolismi in conformità con le trasformazioni culturali e spirituali di un nuovo secolo ricchissimo, improntato al razionalismo.

La nuova immagine elaborata da Elbfas, nonostante si sia sostituita, conformandosi, al dipinto che fu oggetto di predicazione popolare, si porrebbe dunque su un diverso piano concettuale e, attraverso la sua translitterazione, si trasformerebbe in un oscuro teorema astrale a cui sottenderebbe la matematica ovvero la numerabilità, che caratterizza non solo le ricerche della nuova scienza bensì i linguaggi simbolici dell'astrologia e della cosmologia classica, dell'alchimia e della Kabbalah che a loro volta assursero a nuova importanza.

D'altra parte, le dinamiche evolutive dell'astrologia pronostica nel regno di Svezia, come delineate da Martin Kjellgren[28], ci permettono di ipotizzare che, a cagione delle particolari circostanze

---

[27] Christiaan Huygens, *Oeuvres complètes*, tome XVII, app. IV-VII, *Traité des couronnes et des parhélies* (1662 o 1663), publiées par la Société Hollandaise des Sciences, 1932.
[28] Martin Kjellgren, *Astrology in the Northlands*, cit., pp. 53-86.

che secondo noi sarebbero venute a crearsi all'epoca della commissione ecclesiastica nel 1636, l'antica immagine cinquecentesca del parelio abbia potuto risultare funzionale alla citazione della configurazione astrologica e cosmologica, ovvero ad un'immagine suscettibile di calcoli matematici.

Come ha osservato lo studioso, se agli inizi del XVI secolo la conoscenza dell'arte delle stelle era un talento raro, nel XVII secolo il suo retaggio è maggiore, essendosi diffusi con diverse modalità le conoscenze e gli interessi astrologici nei diversi ambiti al di fuori dell'ambiente cortigiano, attraverso testi come almanacchi e pronostici, e personalità religiose di spicco, come il riformatore finlandese Mikael Agricola (1507-1557), che con la pubblicazione nel 1544 del libro di preghiere *Rukouskiria* presentava l'astrologia, seppur nei suoi limiti etici, come una indispensabile prerogativa per il giusto pastore evangelico, oppure come Petrus Pauli Gothus (1550-1594), cappellano reale e vicario nella Storkyrkan, che riteneva gli astri uno strumento di Dio, affermando tuttavia, con il suo determinismo astrale in cui divinazione naturale e profezia religiosa venivano a completarsi a vicenda, la superiorità della teologia e l'autorità del clero sull'arte delle stelle; Kjellgren ha messo a questo proposito in evidenza che, nonostante le critiche mosse agli inizi del XVII secolo da parte del clero ortodosso all'astrologia pronostica, una "reazione forzata dal fatto che le sentenze profetiche e le predizioni astrologiche erano diventate una minaccia per il potere religioso", in "alcuni contesti l'astrologia fu una pratica accettata a seconda del suo utilizzo"; e comunque anche nel caso di censure radicali da parte del clero, in realtà "la sua autorità in campo religioso, dottrinale ed epistemiologico non era generalmente riconosciuta dalle autorità mondane, sebbene le istituzioni educative e di studi primari fossero portati avanti sotto il controllo del clero"[29].

.

---

[29] Martin Kjellgren, op. cit., pp. 285-294.

2. L'antico dipinto del parelio commissionato nel 1535 dal predicatore luterano Olaus Petri e oggi disperso

2.1. Il dipinto commissionato nel 1535 da Olaus Petri. Il contesto esecutivo e le fonti

Cerchiamo ora di esaminare più approfonditamente il contesto di origine del dipinto quando esso venne concepito, al tempo in cui la Riforma religiosa muoveva i suoi primi passi in Svezia: gli anni che precedettero il 1535 furono infatti decisivi per la storia della Chiesa svedese poiché videro protagonisti i primi predicatori, in un contesto di inquietanti profezie apocalittiche.

La committenza dell'opera da parte di Olaus Petri, che studiò a Wittenberg tra 1516 e 1518 come discepolo di Lutero e Melantone, e che fu dunque il primo riformatore in Svezia[1], risulta di estrema importanza per affrontare la lettura di un dipinto che possiamo definire tra i più intriganti manifesti della propaganda luterana in Europa e una preziosa testimonianza di come il primo riformatore in Svezia avesse considerato gli insegnamenti di Martin Lutero in rapporto ai segni celesti.

Olof Petersson, questo era il nome di Olaus Petri, fu una personalità straordinaria che seppe imporsi nell'ostico ambiente svedese[2]; dopo essere stato condannato di eresia nel 1524 dall'arcivescovo cattolico di Uppsala, Johan Månsson (conosciuto come Johannes Magnus), entrò al servizio del re di Svezia Gustav I Vasa

---

[1] "Olaus Petri propagated the reformed religion in Sweden, soon after Luther's rupture with Rome": John Marsh, *An epitome of general ecclesiastical history: from the earliest period to the present time*, Vanderpool & Co, New York 1827, pp. 234-235.

[2] "The Catholic priests made violent opposition to him, but his efforts were powerfully, seconded by the monarch, Gustavus Vasa": John Marsh, op. cit., p. 234.

che simpatizzava per le idee riformiste, divenendo suo cancelliere nel 1531, in un momento cruciale per la storia religiosa e politica del Paese: la propaganda di cui Olaus si era fatto promotore negli anni Venti con il fratello minore Lars (noto con il nome latinizzato di Laurentius), spinse infatti il sovrano ad abbracciare la nuova Confessione e a riconoscere il luteranesimo religione ufficiale con la Dieta di Västerås del 1527[3]; è così che tra 1533 e 1536 il luteranesimo guadagnava terreno in Germania, Danimarca e Norvegia.

In un momento tanto delicato, Olaus Petri fu tuttavia protagonista di una feroce lite con lo stesso Gustav I, diatriba che lo indusse a commissionare il dipinto in questione. La scintilla innescata nel 1535 avrebbe riguardato l'atteggiamento prevaricatore del re nelle questioni religiose: il sovrano, a cagione delle recente conversione alla nuova Confessione e delle ordinanze stabilite nel 1527 a Västerås riguardanti la Chiesa di Svezia, aveva confiscato i tesori della maggiori chiese della città[4], e a quel punto Olaus Petri, nell'intento di far leva sul re, fece commissionare il dipinto, che divenne strumento per esprimere giudizi sul comportamento della Corona; l'immagine avrebbe fatto da corredo ai suoi sermoni, per cui il gesto, come ha esaminato Martin Kjellgren,

potrebbe anche essere interpretato come una velata minaccia o un avvertimento al monarca che agli occhi dei riformatori aveva abusato della spada del potere mondano donatogli da Dio – specialmente da quando i cani solari erano

---

[3] A Västerås nel 1527 "il re dichiarò che avrebbe deposto lo scettro e si sarebbe ritirato dal Regno, se fosse rimasto più a lungo soggetto al dominio papale", in John Marsh, op. cit., p. 235.

[4] "Art. 3-Tutti i vescovi dovranno fornire al re un inventario delle loro rendite e benefici di ogni genere. Sulla base di questi inventari egli stabilirà le percentuali relative a ciò che essi possono trattenere per sé e ciò che devono rimettere alla Corona. Art. 4-La stessa procedura sarà applicata alle cattedrali e ai capitoli": Pawel Gajewsky, *La Riforma in Francia, nei Paesi Bassi, in Scandinavia e in Europa orientale*, Edizioni Studio Domenicano, Bologna 2007, p. 77.

descritti come presagi di sconvolgimenti politici e cospirazioni nella letteratura contemporanea[5].

Il dipinto, che creò dunque polemiche e discussioni amplificate dai sermoni di Petri[6], avrebbe presentato dunque un *signum* di natura ammonitoria nei confronti del sovrano.

Petri intese tuttavia utilizzare la rappresentazione del fenomeno celeste come *omen* presago, spiegando come il segno fosse una manifestazione la cui origine stava al di là della capacità di comprensione degli uomini, poiché, proprio come concepiva il luteranesino, non era possibile conoscere il grande e misterioso piano di Dio a cui gli uomini avrebbero dovuto rimettersi; egli così, dopo avere esposto il dipinto in modo che tutti potessero vederlo, alla fine dell'estate del 1535 pronunciava un sermone sui segni della terra

[...] che, secondo la credenza biblica possono avere effetto oscurante. Poiché, dice, ci sono due tipi di segni quelli che sono fatti dal diavolo, che in tal modo vogliono attirare l'uomo lontano da Dio, e dall'altro quelli che sono fatti da Dio, che vogliono attirare l'uomo dal diavolo a se stesso. È facile confonderne la sorgente[7].

Possiamo osservare come Petri, per intensificare i toni del sermone, si fosse ispirato agli insegnamenti di Lutero che nella *Prognosticatio di Johann Lichtenberger*, dichiarava come i segni divini e

---

[5] "It could even be interpreted as a covert threat or as a warning to a monarch who in the view of the reformers had abused the sword of wordly power given by God – expecially since sundogs were described as presages of political upheavals and conspiraces in contemporary literature": Martin Kjellgren, *The Sundog of Olaus Petri*, cit., p. 69.

[6] Marco Folin, Monica Preti, *Wounded Cities. The Representation of Urban Disasters in European Art (14th-20th Centuries)*, Brill, Leiden/Boston 2015.

[7] "[...] just järtecken, vilka-enligt tron innesluten inom bibelns pärmar -kan ha fördunklande verkan. Ty, säger han, det finns två slags järtecken: dels de som sker av djävulen, som därigenom vill locka människan till sig bort från Gud, dels de som sker av Gud, som vill locka människan från djävulen till sig. Det är lätt att förväxla ett teckens ursprung.": Andrea Hermelin, *En Hypotes om Vädersolstavlans Konsthistoriska förebilder*, cit., p. 48.

quelli demoniaci si confondessero nel mondo, che, coi suoi enormi limiti, viveva la distanza da Dio:

I segni di Dio e gli avvenimenti degli angeli sono infatti mescolati con i suggerimenti e con i segni di Satana, giacché il mondo merita invero che le cose siano tremendamente confuse e che nulla si possa differenziare[8].

Il gesto sarebbe costato caro a Olaus Petri: quando nel 1540 Gustav I decise di farlo processare per alto tradimento dal tribunale di Örebro, insieme ad alcuni riformatori accusati di aver nascosto la cospirazione del 1536, in cui radicali evangelici e cittadini di Stoccolma volevano far esplodere il seggio reale in chiesa, il dipinto divenne uno dei capi d'accusa nei suoi confronti, per il fatto che, come ha analizzato Andrea Hermelin,

M. Oloff non si accontentò di avere una grande esperienza in tutte le arti e facoltà liberali come la teologia, nel diritto divino e civile, nella medicina, ma lui e il suo nuovo cancelliere Anders Hansson volevano essere esperti in altre arti: nel tradimento e nell'arte altamente apprezzata detta il corso celeste o astronomia, e descrivere cronache e storie per mostrare all'uomo comune che senso alto e profondo aveva[9].

Senz'altro Olaus Petri, teologo e predicatore luterano, nell'intento di far leva sul re, in un contesto storico cruciale gravido di cambiamenti e di tensioni, ebbe modo di richiamarsi all'astrologia

---

[8] *Prognosticatio di Johann Lichtenberger, diligentemente recata in tedesco. Con un'utile prefazione ed istruzione del dottor Martin Lutero. Come detta profezia e simili siano da intendere, Wittenberg, 1526*, documento in Aby Warburg, *Divinazione antica pagana in testi e immagini dell'età di Lutero*, SE, Milano [1920] 2016.

[9] "Men enligt anklagelseakten, för att återgå till den, nöjde sig. M. Oloff inte med att vara *mechtigh fötfaren* i alla fria konster och fakulteter såsom *theologien, in jure diuino et ciuili, in medicinis*, utan nu ville han tillsammans med sin nye kansler Anders Hansson öva sig i flera konster: i förräderi och i den högt beprisade konst som kallas *himmelens lopp eller astronomia* och att beskriva krönikor och historien för att visa menige man vilket högt förstånd och vilken djup lärdom han hande, *som thett och skedde*: [...]": Andrea Hermelin, op. cit., p. 45; inoltre si veda Martin Kjellgren, *The Sundog of Olaus Petri*, cit., pp. 68-69.

dei prodigi, ovvero alla letteratura dei presagi apocalittici, riproposti nelle immagini diffuse nell'età di Lutero, che Aby Warburg per primo cercò di circoscrivere[10].

Andrea Hermelin ha ricondotto il *Parhelion* ai motivi apocalittici delle Bibbie luterane, e in particolare, "per il suo carattere grafico e la separazione nell'ambito dell'immagine tra dimensione celeste e terrestre, alla Bibbia di Lubecca del 1533-34 illustrata da Erhardt Altdorfer"[11], fratello del più conosciuto Albrecht, il capofila della cosiddetta scuola del Danubio. L'opera della Storkyrkan è stata d'altra parte paragonata da Jan Svanberg ai modi dei maestri della suddetta scuola, che eseguirono le scene delle grandi battaglie dell'antichità per il duca Guglielmo IV di Baviera (1493-1550), come Albrecht Altdorfer, Abraham Schöpfer e Ludwig Refinger, autori di opere dove i poteri del cielo si rispecchiano nel turbinio degli eventi terreni; in particolare dallo studioso sono stati ipotizzati possibili apporti dalla cerchia dello stesso Erhard Altdorfer, che lavorò come pittore ufficiale per la corte del Meclemburgo a Schwerin, con cui Gustav I Vasa fu in buoni rapporti; i modi stilistici della scuola danubiana sono riconoscibili nel dipinto della Storkyrkan per alcune caratteristiche peculiari, come la prospettiva a volo d'uccello e il realismo topografico nella rappresentazione della città[12].

Da parte nostra, riconducendoci al filone di ricerca intrapreso da Warburg, riteniamo che, per la correlazione tra l'apparizione celeste del parelio da un lato e le acque minacciose che stanno per sommergere la città di Stoccolma dall'altro, il dipinto, con il suo

---

[10] Aby Warburg, op. cit., pp. 38-40.

[11] "Den grafiska karaktären i teckningen av Vädersolstavlans konturer och detaljer kan jämföras med liknande partier i de båda träsnitten av Erhardt Altdorfer ur Lybeckerbibeln 1533-34": Andrea Hermelin, op. cit., pp. 49-52; facendo riferimento agli studi di Hermelin, così anche Marco Folin, Monica Preti, op. cit.: "What is certain, however, is that the painting commissioned by Olau Petri was patently inspired by the apocalyptic iconography of the Lutheran bibles that had been circulating in Sweden for some years, obove all in the edition of 1533-34 illustrated by Erhard Altdorfer."

[12] Jan Svanberg, op. cit., pp. 70-86.

spirito incombente, possa collegarsi in modo più specifico ad alcune delle immagini contenute in quelle pubblicazioni illustrate, come le *Pronosticazioni* che, sulla base delle teorie astrologiche o in relazione alla comparsa di comete e altri eventi celesti straordinari, avanzavano previsioni disastrose, diffondendo allarmismo tra la popolazione.

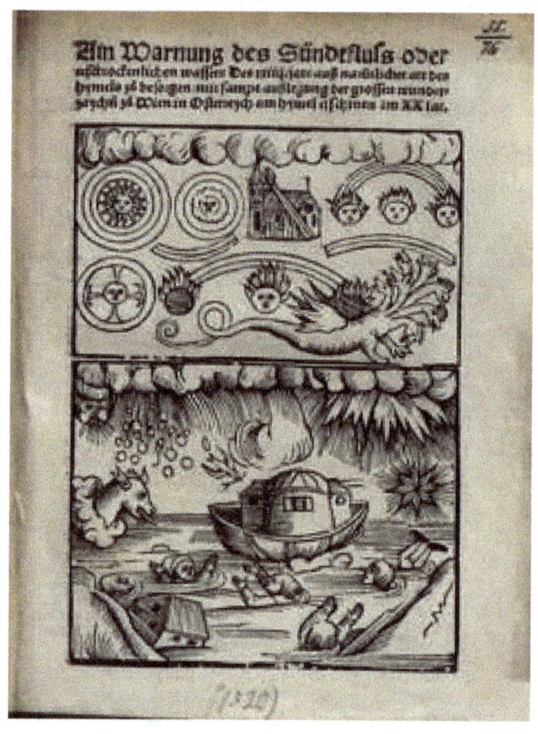

12. Alexander Seitz, *Ain Warnung*, Augsburg 1520,
Augsburg Staats-und Stadtbibliothek-4Kult-186-114

In particolare vogliamo proporre quella che ci sembra una possibile fonte iconografica (fig. 12) alla quale avrebbe potuto ispirarsi Olaus Petri per concepire un dipinto che avrebbe dovuto scuotere le coscienze.

Si tratta del frontespizio dell'opuscolo dell'astrologo e medico tedesco Alexander Seitz pubblicato nel 1520[13] che, come presenta il titolo *Ain Warnung des Sündtfluss oder erschrockenlichen wassers,* argomenta dei segnali di "avvertimento", apparsi in particolare a Vienna, relativi alla terrificante inondazione che, secondo i computi astrologici, avrebbe dovuto verificarsi nel febbraio del 1524 a causa di sedici congiunzioni eccezionali nei Pesci[14], segno di Acqua e invernale.

Il frontespizio presenta nella parte soprastante eventi celesti, aloni solari, parelii con tre soli[15], arcobaleni, accompagnati dalla bestia apocalittica con sette teste sorta dal mare[16], collegata all'evento metereologico alluvionale che, come si nota nella figura sottostante, avrebbe punito gli uomini per i loro peccati travolgendo tutto, proprio come accadde ai tempi di Noè. Possiamo notare che il diluvio non riguarda il tempio cristiano che si trova nella zona superiore tra i fenomeni di avvertimento, in una posizione illuminata e separata dal mondo.

Dunque secondo noi all'immagine del frontespizio dell'opuscolo di Seitz, che presenta il parelio come segno presagio dell'inondazione e due distinti riquadri, quello superiore riferito

---

[13] Di Alexander Seitz (1473-1545) medico dei nobili principi di Baviera, ci parla Aby Warburg, a proposito della stampa illustrata di tipo sensazionalistico diffusa alla dieta di Worms nel 1521, relativa all'uragano mondiale distruttore che si sarebbe verificato nel 1524: A. Warburg, op. cit., pp. 43-44. Sull'opuscolo di Seitz si veda Mark A. Lolito, *The Reformation of historical thought,* Brill, 2019, pp. 93-96; per ulteriori notizie sul frontespizio la cui parte sottostante venne ripresa nella *Prognosticatio* di Johann Carion del 1522: TornImage: *Historical and contemporary depictions of tornado in art and science,* WordPress.com. Si veda inoltre Paola Zambelli, *"Astrologi Hallucinati". Stars and the End of the World in Luther's Time,* Walter de Gruyter, Berlin 1986, p. 131.

[14] Aby Warburg, op. cit., p. 42.

[15] Il parelio si presenta spesso come nella figura 2 a p. 7; al tempo veniva dunque raffigurato coi due *parelii* posti ai due lati del Sole come compare nel frontespizio di Seitz; rimandiamo alle stampe storiche sul tema degli aloni in *Historische Einblattdrucke zum thema haloerscheinungen,* Arbeitskreis Meteore e. V., https://www.meteoros.de/themen/halos/geschichte/einblattdrucke.

[16] *Apocalisse,* 13, 1.

alla dimensione celeste e quello inferiore alla terrena, può ben ricondursi il dipinto *Parhelion*, in cui sotto la meteora ottica è rappresentata Stoccolma in preda alle acque della baia, dove peraltro la Storkyrkan occupa il baricentro della composizione facendosi decisamente intermediaria tra il *signum* e la città.

Alexander Seitz, "impegnato nel 1520-1521 in una campagna per lanciare l'allarme dell'imminente diluvio e per portare al pentimento collettivo"[17] - tanto che l'opuscolo venne distribuito alla Dieta di Worms nel 1521[18] –, come ha analizzato Mark Lolito, "nella prima metà dell'opuscolo sosteneva che anche l'arcobaleno, che attestava la promessa divina di non distruggere mai più la terra con il diluvio, non era di per sé una garanzia che il castigo non sarebbe giunto anche con l'acqua", mentre nella seconda parte dell'opuscolo puntava sui recenti presagi apparsi in particolare a Vienna come segni del peggiore disastro che sarebbe mai sopraggiunto[19].

Seitz riuscì dunque a infondere moltissime paure, come d'altra parte fecero quegli opuscoli illustrati (56 autori e 133 opuscoli) che dagli inizi del Cinquecento diffusero in tutta Europa l'orribile notizia del diluvio universale[20]. Tra questi testi vogliamo segnalare anche quello dell'astrologo Leonhard Reymann (fig. 13), il cui vaticinio per il 1524 raffigura un pesce gigantesco, simbolo del segno zodiacale dei Pesci, nel quale compaiono i pianeti raggruppati in *Congiunzione*; dal pesce astrale piove l'uragano sulla città, mentre

---

[17] "During 1520-1521 Seitz had been on a campaign to raise alarm over the impending deluge, and he meant to bring collective repentance as had happened in Old Testament Nineveh after": Mark A. Lolito, op. cit. p. 93.

[18] Aby Warburg, op. cit., p. 44, nota 50.

[19] Mark A. Lolito, op. cit., pp. 94-95.

[20] Come emerge dagli studi su *L'epoca di massima fioritura dell'astrometereologia* di Gustav Hellmann, *Beiträge zur Geschichte der Meteorologie*, nn. 1-5 ("Veröffentlichungen des Königlichen Preussischen Meteorologischen Instituts", 273, Berlin 1914), in Aby Warburg, op. cit., p. 41, nota 5. Warburg chiarisce come dall'altra parte ci fu tutta una letteratura ufficiale tesa a rassicurare e a calmare gli animi, nella quale rientrò l'opera di Georg Tannstetter e di Johann Carion.

da una parte i contadini e dall'altra l'imperatore e il papa rifletterebbero anche la lotta tra le due classi sociali, simboleggiate rispettivamente da Saturno e Giove, mostrando dunque il carattere sovversivo che tali pronostici avrebbero potuto assumere[21].

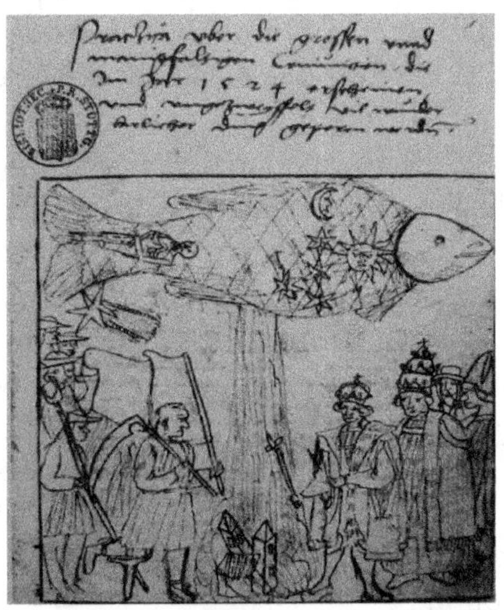

13. Vaticinio per l'anno 1524 da Leonhard Reymann, *Practica*,
Stoccarda, Landesbibliothek

Non è sorprendente che nei documenti dell'accusa del processo di Örebro contro Olaus Petri si facesse esplicito riferimento a "l'arte celeste" da lui praticata in modo considerato sovversivo, giacché egli sembra farsi prosecutore del pensiero astrologico che

---

[21] Questa letteratura popolare, come spiegava Warburg, presentava talvolta le massime potenze politiche del tempo come personificazioni planetarie; ad esempio nella *Prognosticatio* del 1521 di Johann Carion nell'immagine relativa al vaticinio per il 1534 troviamo cinque figure in costumi dell'epoca impegnate in un combattimento, accompagnate dai simboli dei pianeti: "il Sole è l'imperatore, Giove il papa, Marte il ceto dei cavalieri, e nell'uomo dalla spada dobbiamo riconoscere un Saturno frainteso, ossia il contadino": Aby Warburg, op. cit., pp. 42-43; e inoltre si vedano Milan Špůrek, *L'Astrométéorologie*, in *L'Astrologie*, [Prague 1996] Gründ, Paris 1998, pp. 173-178; Martin Kjellgren, op. cit., pp. 81-82.

fu proprio di Lutero[22], un pensiero che egli intese adottare per promuovere la sua propaganda spirituale.

A questo proposito, è possibile che al paesaggio terrestre effigiato nel *Parhelion*, nel quale la Storkyrkan grandeggia dinanzi al castello Tre Kronor, possa corrispondere un panorama celeste dove in realtà il Sole, come simbolo di Cristo, simboleggia la chiesa stessa, nella sua funzione di illuminante guida spirituale.

Nella illustrazione dalla *Prognosticatio di Johann Lichtenberger* (fig. 14) sopra il *signum* celeste sta infatti il Cristo Giudice e sotto di lui i tre Stati sociali, il papa, l'imperatore e i contadini.

Dunque si può anche immaginare che nel dipinto *Parhelion* accanto al vero Sole, simbolo di Cristo, potessero stare a sua difesa i due *parelii*, che avrebbero potuto alludere alle due chiese monastiche raffigurate nel paesaggio sottostante o anche ai due fratelli Petri che cercarono di difendere i diritti del clero, cosicché negli altri tre soli fittizi della meteora avrebbero potuto rispecchiarsi i restanti strati sociali, o forse il potere temporale del sovrano, il cui emblema erano le Tre Corone, effigiate sul tetto della torre del castello Tre Kronor.

---

[22] Come spiega Warburg, Lutero e Melantone furono in rapporto stretto con l'astrologia e se ne occuparono anche nei loro scritti, sebbene con punti di vista differenti: il primo infatti si interessò in particolare dei presagi naturali e il secondo dell'astrologia divinatoria; sia Lutero che Melantone dovettero fare i conti con le sopravvivenze delle pratiche astrologiche facenti capo alla cultura pagana che permeava la civiltà italiana del Rinascimento; nonostante i due riformatori si trovassero su posizioni antitetiche, entrambi dovettero esprimersi in relazione all'antica disciplina; "Lutero si limitava ad approvare il nucleo mistico-trascendentale dell'avvenimento cosmologico prodigioso che l'onnipotenza del Dio cristiano inviava agli uomini in modo sovrano e imperscrutabile come avvertimento presago, Melantone invece utilizzava l'astrologia antica come misura di protezione intellettuale contro il fato terreno condizionato dal cosmo, ed era a tal punto preso dalla sua fede negli astri che su questo tema provocava costantemente le obiezioni del suo potente amico": Aby Warburg *Divinazione antica pagana in testi e immagini dell'età di Lutero*, cit., p. 26.

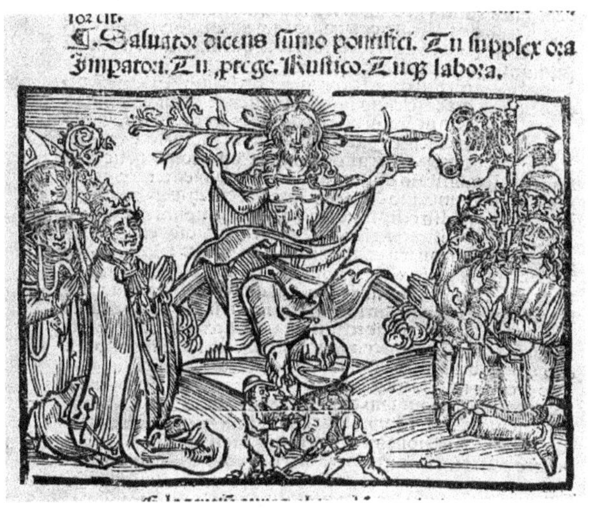

14. *Prognosticatio di Johann Lichtenberger, 1499*

2.2. L'alone solare 'interagisce' con gli eventi politici. L'orologio astronomico di Uppsala come possibile modello comunicativo per Olaus Petri

Olaus Petri, come dicevamo, intese ricondursi direttamente al pensiero astrologico di Lutero. D'altra parte il riformatore sassone nella sua prefazione alla *Prognosticatio di Johann Lichtenberger*, esprimendosi a proposito del parelio, lo definiva un *signum* ammonitore degli ingiusti tiranni.

Come ha analizzato Warburg[23], Lutero, sebbene sostenesse che la rivelazione religiosa non fosse soggetta ad influenze astrali, tuttavia si mostrava favorevole all'astrologia misterica e considerava i segni celesti come avvertimenti a cui i sovrani avrebbero dovuto prestare molta attenzione; queste le sue parole:

In primo luogo: la base della sua astrologia la ritengo giusta, ma l'arte incerta, intendo dire che i segni, in cielo e in terra, non mancano assolutamente; sono opera di Dio e degli angeli; essi avvertono e minacciano paesi e contrade empie,

---

23 Aby Warburg, op. cit. Si veda nota 22 a p. 44 di questo stesso capitolo.

e hanno tutti un significato. Ma di essi non si deve fare un'arte e ascriverla agli astri. [...] Ma poiché Lichtenberger indica i segni del cielo, i signori e i paesi empi devono temere queste profezie e non dubitare che siano dirette a loro. Non per quest'arte che spesso può e deve fallire, ma per i segni e gli avvertimenti di Dio e degli angeli sui quali essa è fondata: poiché quelli non falliscono, di questo devono essere certi. Nei nostri tempi abbiamo visto in cielo più soli, arcobaleni e simili. Nessun astrologo può o potrebbe dire con certezza se tali avvertimenti sono diretti a questo o a quel re; tuttavia vediamo quello che in modo certo è accaduto al re di Francia, a quello di Danimarca, a quello di Ungheria, e potrà accadere in modo altrettanto certo anche ad altri re e principi[24].

Lutero, che considerava i segni celesti veraci, ascriveva dunque il fenomeno del parelio alla gamma di segni mandati da Dio ai sovrani "empi".

A proposito del legame tra il parelio e gli sconvolgimenti politici, vorremmo almeno ricordare una fonte tratta dalla letteratura tedesca di fine Quattrocento, che precede dunque l'epoca luterana.

Si tratta del *Liber Chronicarum* redatto da Hartmann Schedel, medico e umanista di Norimberga, una enciclopedia illustrata nota con il titolo di *Cronache di Norimberga*, pubblicata nel 1493 dal padrino di Dürer e redatta in latino, ma tradotta in quello stesso anno in tedesco.

L'opera contiene due illustrazioni relative al fenomeno del parelio nella sua veste di evento collegato a sconvolgimenti politici: i due fenomeni, raffigurati con tre soli (il vero Sole al centro affiancato dai due *parelii*) si differenziano per il fatto che il primo sorse a oriente il giorno seguente la morte di Giulio Cesare[25], e il secondo a occidente[26] (fig. 15).

Entrambi si collegano a sconvolgimenti di natura socio politica e religiosa; in particolare il primo parelio sorto ad oriente, come

---

[24] Documento in Aby Warburg, op. cit., p. 97.

[25] "Tre Soles post mortem Julii Cesaris sequenti die apparuerunt in oriente [...]": Hartmann Schedel, *Liber Chronicarum*, 1493, foglio XCII v.

[26] "Soles tres per hoc tempus nonis septembriis in occidente simul visi sunt [...]": Hartmann Schedel, *Liber Chronicarum*, 1493, foglio CCIIII v.

quello effigiato nel dipinto *Pahrelion*, è legato alla congiura politica più efferata della Storia, ovvero l'uccisione di Giulio Cesare[27].

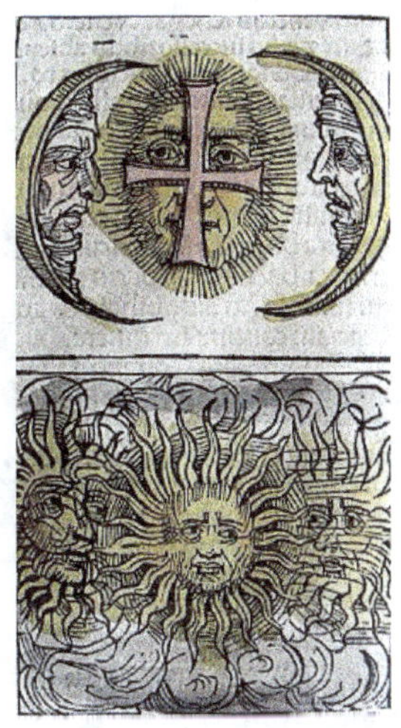

15. Hartmann Schedel, *Liber Chronicarum*, 1493, foglio CCIIII v.

Nell'ambito della nostra ricerca filologica un'opera in particolare avrebbe potuto ispirare la commissione del dipinto da parte di Olaus Petri, riconducibile, in questo caso, alla eccezionale funzione comunicativa del quadro: nella cattedrale di Uppsala nel 1506 Petrus Astronomus aveva creato "l'orologio che mostrava il moto diurno e notturno dei pianeti, e del Sole, e della Luna, per cui gli studiosi giungevano da quelle parti per conoscere il corso

---

[27] Vogliamo ricordare che Virgilio, nelle *Georgiche*, scrive che alla morte di Cesare il Sole si oscurò, anche se in verità non vi fu alcuna eclissi; egli narra che il Sole non è mai mendace e preavvisa i tumulti, le insidie e le guerre nascoste; nel brano georgico il poeta descrive i *segni* che a causa dell'evento straordinario si manifestarono: la terra, le distese del mare, gli animali, gli uomini e gli spiriti davano segni, insieme ai fulmini e alle infauste comete, ai rotti crateri dell'Etna e ai terremoti montani: Virgilio, *Georgiche*, I, 463 e ss.

dei pianeti e i loro effetti", come scrive Olaus Magnus[28] nella propria opera *Historia de Gentibus Septentrionalibus* del 1555[29] che riporta dunque la raffigurazione di questo orologio perduto a corredo del capitolo XXXII *De horologiis* (fig. 16).

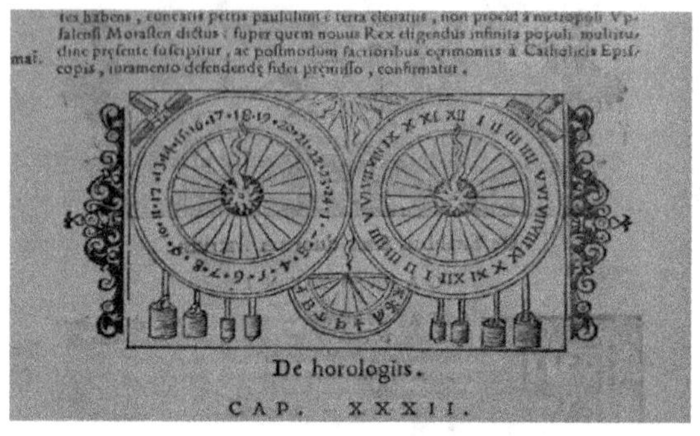

16. Olaus Magnus, *Historia de Gentibus Septentrionalibus*, 1555
illustrazione capitolo XXXII *De horologiis*

Lo straordinario orologio di Uppsala, dove peraltro nel 1531 proprio il fratello di Olaus Petri divenne arcivescovo[30], esercitò la sua influenza su coloro che studiavano astronomia e il rapporto tra i pianeti e il mondo sublunare, testimoniando l'interesse per le discipline celesti; lo strumento astronomico deve avere fornito utili spunti anche a Olaus Petri che aveva deciso di predicare attraverso una immagine dipinta che presentava proprio un *signum* celeste: il dipinto da lui commissionato venne esposto sotto gli occhi di tutti, come sotto gli occhi di tutti si trovava l'orologio di Uppsala, e lo fece per mostrare al popolo la portentosa apparizione, sperando sicuramente di impattare il più possibile, e so-

---

[28] Si tratta di Olaf Manson arcivescovo svedese, nato a Skannige nel 1490 e morto a Roma nel 1557. Fece da segretario al fratello Johannes che dal 1523 fu vescovo di Uppsala e condannò Olaus Petri per eresia. Sino al 1539 visse con il fratello a Danzica. Partecipò al Concilio di Trento.

[29] Olaus Magnus, *Historia de Gentibus Septentrionalibus,* 1555, I, cap. 32, p. 70.

[30] Il fratello di Olaus Petri, Laurentius, venne nominato vescovo di Uppsala nel 1531 da Gustav I Vasa.

prattutto, come ha sottolineato Sofia Gustafsoon, "per immortalare i soli celesti sul dipinto esposto nella grande chiesa in modo che l'avvertimento di Dio non fosse dimenticato"[31].

Dunque ci sembra interessante la scelta di Petri di predicare "per immagini" attraverso un'opera d'arte che rientrava nella visione apocalittica luterana per cui la natura, strumento di Dio, nella quale si riteneva che l'apocalisse si riflettesse, mandava agli uomini segni celesti eccezionali: la predicazione tramite un'immagine dipinta, rimasta peraltro esposta in permanenza come l'orologio astronomico, avrebbe permesso a Petri di raggiungere il massimo effetto comunicativo nel più breve tempo possibile.

2.3. Testimonianze iconografiche del secondo Cinquecento riferite al dipinto del 1535: percorsi simbolici in seno alla Storia

Una importante testimonianza iconografica del 1555 che fa riferimento al dipinto commissionato da Olaus Petri, rilevata in passato dagli studiosi, è una immagine dell'opera di Olaus Magnus che, nel libro I sulla natura, dedica i capitoli XIV (*De circulis hyemalibus, et effectibus eorum*) e XV (*De circulis repentinis, et effectibus cometarum*), agli aloni solari e agli effetti delle comete.

Come è stato analizzato, l'immagine che illustra il capitolo XV è riferibile all'iconografia del *Parhelion*[32] (fig. 17).

Olaus Magnus, nella propria opera, accomuna le comete e l'alone parelio come fenomeni presagenti accumulo nuvoloso e piogge incontrollabili, giacché dai testi di almanacchi e pronostici emerge come "nel XVI secolo non si facesse differenziazione tra

---

[31] "Pä Olaus Petri begäran jörevigades vädersolarna pä entavla i Storkyrkan sä att Guds varning inte skulle glömmas bort": Sofia Gustafsson, *Järtecken: Joen Petri Klint och 1500-talets vidunderliga lutherdom*, Nordic Academic Press, 2018.
[32] Andrea Hermelin, op. cit., pp. 52 e 54.

segni astronomici e metereologici, quando ad esempio le comete erano percepite come metereologiche"[33].

I due capitoli in Olaus Magnus, peraltro tra loro intimamente legati, si richiamano alla *Naturalis Historia* di Plinio e in particolare all'opera *Naturales quaestiones* di Seneca: questi infatti descriveva i fenomeni celesti, ovvero i parelii e gli aloni, le verghe e gli arcobaleni in collegamento alle condizioni atmosferiche a cui Olaus Magnus a sua volta fa riferimento.

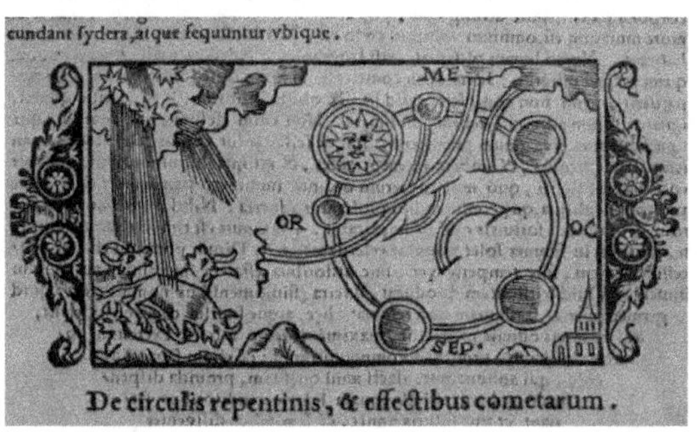

17. Olaus Magnus, *Historia de Gentibus Septentrionalibus,*1555
illustrazione del capitolo XV *De circulis repentinis, et effectibus cometarum*

L'illustrazione è molto essenziale, e riconducibile al parelio conservato nella Storkyrkan raffigurato trasversalmente, dunque al dipinto commissionato da Olaus Petri, un'opera che era divenuta emblematica, con il Sole e le cinque sue immagini rifratte collocate sul circolo parelio in quel preciso ordine.

Tuttavia osserviamo una discrepanza iconografica rispetto alla copia del dipinto realizzata da Elbfas, e dunque rispetto alla versione perduta del 1535: il cattolico Olaus Magnus – che, dopo essere stato inviato da Gustav I Vasa in missione in Italia, non fece più ritorno a causa della Riforma a cui il re aderì seppur in

---

³³ "Denna uppdelning i astronomiska och metereologiska tecken giordes dock inte pa 1500-talet, då till exempel kometer uppfattades som meteorologiska": Sofia Gustafsson, *Järtecken: Joen Petri Klint och 1500-talets vidunderliga lutherdom*, Nordic Academic Press, 2018.

modo meno radicale rispetto agli altri Paesi[34], e, nonostante fosse stato nominato nel 1544 arcivescovo metropolita di Uppsala, egli non potè raggiungere la sua sede – raffigurò i *parantelii* e l'*antelio* molto più grandi rispetto ai due *parelii*, discostandosi dalle raffigurazioni del parelio a lui coeve[35], esaltando l'importanza di quelli; questo potrebbe collegarsi al significato politico-religioso che sarebbe stato assegnato ai tre "soli" (i due *parantelii* e l'*antelio*), interpretati come gli avversari del sovrano, in cui si sarebbero potute ravvisare anche le forze cattoliche a lui ostili, contrarie al progetto di Riforma promulgato dai due fratelli Petri (simboleggiati dai due *parelii*); Olaus Magnus avrebbe esaltato queste forze, irrobustendo iconograficamente la loro possanza rispetto ai due riformisti militanti, da lui raffigurati più piccoli. Non dimentichiamo infatti che fu proprio il fratello di Olaus Magnus, Johannes, arcivescovo di Uppsala, colui che nel 1524 scomunicò i fratelli Petri per eresia.

Insomma quello dell'arcivescovo cattolico avrebbe potuto rappresentare un modo velato per sottolineare l'importanza della propria Confessione rispetto a quella emergente.

D'altra parte una seconda testimonianza iconografica relativa al parelio del 1535, oggi disperso, viene ad assumere una consimile valenza simbolica in legame ai conflitti politico religiosi in corso; si tratta di una immagine esaminata a fondo da Martin Kjellgren[36] e che presenta un parelio apparso nel 1596, inclusa nel testo *Om*

---

[34] "La Riforma svedese è la più conservatrice. A parte l'adesione ai contenuti teologici della Confessione di Augusta, la Chiesa di Svezia non elaborò mai una propria Confessione di fede, come fecero all'inizio i danesi. Le ordinanze della dieta di Våsteras non introdussero alcuna novità di carattere teologico; il primo vescovo luterano di Uppsala, l'antica sede episcopale con tanti privilegi riconosciuti dai papi, venne consacrato da un vescovo cattolico affinché non si interrompesse la successione apostolica nel senso storico di comunione con il vescovo di Roma": Pawel Gajewski, *La Riforma in Francia, nei Paesi Bassi, in Scandinavia e in Europa orientale*, Edizioni Studio Domenicano, Bologna 2007.

[35] Si vedano le stampe storiche a foglio singolo sul tema degli aloni in *Historische Einblattdrucke zum thema haloerscheinungen*, Arbeitskreis Meteore e. V., https://www.meteoros.de/themen/halos/geschichte/einblattdrucke.

[36] Martin Kjellgren, *Under a Normative Firmament*, cit., pp. 73-77.

meteorer iniziato nel 1587 dal pastore luterano Joen Petri Klint[37], morto nel 1608, dove vengono illustrati centinaia di fenomeni celesti, segni ammonitori e altri eventi prodigiosi che, in nel periodo travagliato della Riforma, si riteneva riflettessero l'indignazione divina per i peccati dell'umanità; e, come ha rilevato Sofia Gustafsson, dal momento che "erano spesso i sacerdoti protestanti a tenere la penna, potrebbe anche trattarsi di diverse prove del male dei Cattolici"[38].

Possiamo dunque notare come in questo libro di Klint il foglio che illustra il parelio del 25 aprile 1596 (fig. 18), dove il Sole si trova sul circolo parelio affiancato dagli altri "fratelli" luminosi, la

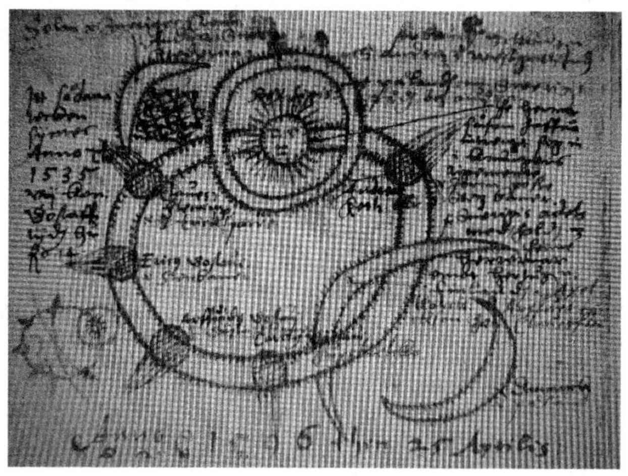

18. Joen Petri Klint, *Parelio per l'anno 1596 25 aprile, Om meteors,*
Cod. Linc. N 28, fol. 172 v.:
a sinistra, in piccolo, il parelio per l'anno 1535

cui foggia grafica fa eco alle illustrazioni di Olaus Magnus, presenta a margine sinistro il parelio apparso sopra Stoccolma nel

---

[37] Sofia Gustafsson, *Järtecken: Joen Petri Klint och 1500-talets vidunderliga lutherdom,* Nordic Academic Press, 2018.

[38] "Eftersom det ofta var protestantiska präster som höll i pennan Kunde det ock så handla om olike belägg för katolikernas ondska": Sofia Gustafsson, op. cit.

1535, testimonianza importante per la nostra indagine filologica: il fenomeno del 1535 risulterebbe esemplificativo e straordinario, giacché era divenuto per la comunità svedese un punto di riferimento storico.

Sofia Gustafsson ha infatti rimarcato come "un punto di riferimento meteorologico che ha attirato l'attenzione in Svezia è stato il fenomeno dell'alone che si dice apparve a Stoccolma nel 1535"[39], mettendo dunque in evidenza come nel corso del Cinquecento si guardasse all'immagine della meteora esposta nella Storkyrkan come ad un modello.

D'altra parte il peculiare meccanismo di propaganda messo in atto da Olaus Petri aveva dato i suoi frutti. Più efficace di un opuscolo o di una Bibbia, il forte potere di richiamo visivo del dipinto, anche privato dell'accompagnamento del sermone, aveva assolto e continuava ad assolvere il suo ruolo emblematico.

Inoltre non possiamo trascurare neppure il fatto che il quadro commissionato da Olaus Petri fosse divenuto sempre più famoso anche a seguito delle accuse mosse al processo di Örebro, che ebbero come oggetto di discussione il cattivo utilizzo dell'immagine con i suoi contenuti, quando il dipinto divenne uno degli argomenti dell'accusa, un'opera che era stata commissionata per essere sotto gli occhi di tutti.

Martin Kjellgren ha ampiamente chiarito come il parelio del 1596 sia stato raffigurato da Klint in chiave politica, non solo ominosa, in collegamento alle lotte intraprese tra protestanti e cattolici per le pretese al trono: lo studioso ha illustrato il collegamento tra le vicende storiche che si consumavano in quegli anni di fine Cinquecento, relative alla crisi politica per la successione al trono – conteso tra le forze cattoliche legate a Sigismondo III, re di Polonia, e quelle protestanti legate allo zio Carlo IX, dopo che Giovanni III Vasa (padre di Sigismondo e fratello di Carlo) era riuscito a portare avanti la restaurazione del cattolicesimo in Svezia

---

[39] "Ett meteorologiskt järtecken somväckte uppmärksamhet i Sverige var det halofenomen som sägs över Stockholm 1535": Sofia Gustafsson, op. cit.

– e il fenomeno del parelio apparso nell'aprile del 1596 e raffigurato da Klint[40], che

affermava che i finti soli del parelio rappresentavano i traditori e i nemici sia del re che del reggente "che si erano intromessi nel governo". In un primo momento identificava questi uomini con i governatori dei castelli reali – in realtà incaricati da Sigismondo di controllare i prelievi fiscali e di tenere sotto controllo il reggente. Tuttavia questa interpretazione sarebbe cambiata con gli eventi politici. Nell'anno seguente, i governatori erano stati eliminati. Di conseguenza Klint sostituì i loro nomi con i nomi dei capi del consiglio reale, che erano fuggiti dal re in Polonia quando la rottura tra lui e il duca era divenuta definitiva[41].

Dunque i due parelii del 1535 e del 1596, sulla scia dell'analisi di Kjellgren, possono essere interpretati in modo consimile, in relazione agli eventi sociali degli ambiti storici in cui rispettivamente nacquero; in particolare, per quanto riguarda la natura dell'immagine, assumono una valenza strettamente simbolica in collegamento a uomini di potere o a forze religiose che giocarono un ruolo importante nella scena politica nel periodo in cui il parelio si manifestò.

A questo punto, come spiegavamo, riteniamo possibile che l'arcivescovo Olaus Magnus nel 1555, vent'anni dopo la predicazione di Petri e la commissione del dipinto da parte di questi, abbia potuto rappresentare nei soli fittizi le forze cattoliche, irrobustendo la loro possanza, ideando un'immagine simbolica che anticipa di alcuni decenni quella realizzata dal pastore luterano Klint.

---

[40] Martin Kjellgren, *Under a Normative Firmament*, cit., pp. 73-76.

[41] "Klint claimed that the mock-suns of the sundog had represented treacherous men and enemies of both king and regent "who have intruded in the Government". At first he indentified these men with the governors of the royal castles – in reality appointed by Sigismund to control tax levies and to keep a check on the regent. However, this interpretation would change with the political events. In the following year, the governors had been disposed. Consequently Klint replaced their names with the names of the leaders of the royal council, who had fled to the king in Poland when the breach between him and the duke had become definitive": Martin Kjellgren, op. cit., p. 76.

2.4. Il giorno del *signum* celeste: 1 aprile 1535. Una leggenda relativa al 20 aprile 1592

Vogliamo ricondurci alle indagini e considerazioni di Andrea Hermelin che si sono focalizzate sui documenti riferiti al dipinto cinquecentesco.

Innanzitutto due testimonianze relative al dipinto perduto, che depongono a favore della nostra ipotesi, segnalano come data del fenomeno atmosferico il 1 di aprile del 1535, e non il 20 aprile[42].

La prima di queste, senz'altro importante, è quella di colui che sarebbe divenuto anche astrologo di re Gustav II Adolf, ovvero l'astronomo Sigfrid Aronus Forsius, di cui avremo modo di parlare tra breve, che nel 1608 in un testo sulle figure celesti, dopo avere fornito spiegazioni sulla natura fisica dei parelii, disserta del caso particolare del 1535, affermando che il fenomeno del parelio sarebbe avvenuto il mattino del giorno 1 Aprile:

Anno 1535, 1 Aprilis ifra 7. til 9. om morghonen, såges här i Stockholm 5. Solar omkring then rätte, medh sine Ringar, såsom the än idagh här i Stockholms store Kyrkya på een Tafla stå affmålade[43].

La seconda testimonianza è quella del diplomatico danese Peder Galt, che nel 1622 scriveva:

Anno 1535, 1 Aprilis hoc ordine sex coelo soles in circulo visi Holmie a septima matutina usque ad mediam nonam antemeridianam[44].

Andrea Hermelin ha osservato che Peder Galt non faceva altro che tradurre in latino quello che si diceva nella iscrizione in lingua madre, posta presso il dipinto cinquecentesco, le cui notizie facevano riferimento alle informazioni fornite da Forsius. Galt aveva

---

[42] Andrea Hermelin, op. cit., pp. 53-54.

[43] Testimonianza in Andrea Hermelin, op. cit., p. 53.

[44] Testimonianza in Andrea Hermelin, op. cit., p. 54: "sei astri splendenti in orbita in questo ordine vengono osservati il primo aprile 1535 dalle sette del mattino alle nove e mezza antimeridiane".

disegnato anche il circolo coi sei soli e la loro posizione, facendo riferimento all'illustrazione di Olaus Magnus e scrivendo: "in Olao Magno vide hujus phenomeni est visionis veram effigiem"[45].

Le testimonianze dell'astronomo Forsius e del diplomatico Galt segnalavano dunque il 1 aprile 1535 come giorno dell'apparizione e non il 20 aprile, descrivendo "cinque soli" attorno al Sole principale, dunque "sei soli" in tutto.

Hermelin argomenta inoltre di un altro documento importante per la nostra indagine iconologica, ovvero che dopo il 1636 – ovvero dopo l'esecuzione del *Parhelion* di Elbfas che, nell'iscrizione della cornice, riporta come novità la data del 20 aprile – con la pubblicazione nel 1642 della prima storia religiosa di Svezia di Johannes Baazius, a giustificazione del giorno 20 aprile segnalato nell'iscrizione barocca nacque una nuova tradizione relativa alle origini e all'autore del *Parhelion*, riferita a una visione che Giovanni III avrebbe avuto il 20 aprile 1592[46].

Suddetta tradizione è stata esaminata da Hermelin che ha argomentato come essa facesse riferimento in realtà a un evento leggendario, ideato per ben precise ragioni politiche: infatti Johannes Baazius si richiamava a uno scritto del 1620 redatto dal sovrintendente Sylvester Johannis Phrygius, secondo il quale fu appunto il figlio cattolico di Gustav I Vasa, Giovanni III che dal suo "bagno di morte" avrebbe visto il parelio sopra il castello il 20 aprile 1592.

Baazius così riferiva: "la divina bontà, che non vuole la morte del peccatore, anche in un modo unico, ha esortato il re a considerare la grandezza della morte e a fare ammenda. Un segno è stato dato nel cielo in cerchi di diverso colore, posto verticalmente sopra il castello di Stoccolma. Quando il re li vide esclamò: il segno mi riguarda! Che Dio abbia pietà di me! E ordinò che

---

[45] Lo studioso ha osservato che la testimonianza di Galt ci dà conferma che l'opera era conservata presso la Storkyrkan: Andrea Hermelin, op. cit., p. 54.
[46] Andrea Hermelin, op. cit., p. 58.

questi cerchi fossero dipinti nella grande chiesa di Stoccolma, cosa che anche avvenne"[47].

Come ha spiegato lo studioso, si suppone che le parole di Phrygius fossero originate dal fatto che egli era in conflitto con il cattolicesimo e che in questo modo intendesse mostrare come il re cattolico si fosse pentito dinanzi all'ammonimento celeste e inoltre come il leggendario gesto del re papista avrebbe fornito uno status regale al dipinto, che a quel punto sarebbe stato commissionato da un sovrano e non più da un predicatore[48].

Purtroppo la tradizione che intendeva ricondurre l'apparizione del fenomeno al 20 aprile 1592 si perpetuò nel tempo; nell'Ottocento alcuni storici giunsero persino a ipotizzare fosse stato fatto un errore nell'iscrizione barocca segnalando l'anno 1535 al posto del 1592[49].

Possiamo affermare dunque che la data del 20 aprile posta nell'iscrizione della cornice, discordante rispetto alle testimo-

---

[47] "Baazius ser däri *Den gudomliga godheten, som ej vill syndarens död, uppmanade även på ett enastående sätt kungen att betänka dödens gräns och göra bot. Ett tecken gavs nämligen i skyn i olikfärgade cirklar, placerade lodrätt över Stockholms slott. När kungen såg dem utropade han: 'Tecknet angår mig! Må Gud förbarma sig över mig!' Och han befallde att dessa cirklar skulle avmålas i Storkyrkan i Stockholm, vilket också skedde...*" Testimonianza tradotta dal latino allo svedese da Claes Gejrot, in Andrea Hermelin, op. cit., p. 58.

[48] "Därmed fick således målningen med vädersolarna i Storkyrkan status som kungligt beställningsverk, och den papistiskt sinnade Johan III räddades genom sin ånger till fromma för det protestantiska Sverige.", in Andrea Hermelin, op. cit. p. 58.

[49] Come ad esempio nel volume *Stoccolma capitale della Svezia* del 1897 con un testo sulla storia di Stoccolma di Karl Hildebrand. Per la tradizione ottocentesca relativa al *Parhelion* si veda l'analisi di Andrea Hermelin, *Vädersolstavlan vetenskapligt utforskad*, in *Vädersolstavlan i Storkyrkan*, cit., pp. 60-62, dove lo studioso esamina i documenti e le opinioni degli storici, partendo dall'importante giudizio di Julius Mankell, storico della guerra, che ritenne che il paesaggio urbano fosse probabilmente la più antica immagine conosciuta di Stoccolma; egli lo pubblicò nel suo libro del 1874, datando il dipinto della Storkyrkan al 1535, e analizzando accuratamente il paesaggio urbano sostenne che alcuni dettagli furono dipinti durante l'esecuzione della copia nel 1636.

nianze di Forsius e Galt che parlavano del 1 aprile, avesse ingenerato dinamiche speculative che davano adito a ipotesi fuorvianti o leggendarie come quella riferita alla visione di Giovanni III.

È nostra opinione dunque restare ancorati al fatto che nell'immagine della meteora ottica si celi la configurazione astrologica del giorno 20 aprile 1636, quando stava per compiersi il *plenilunio*: questa data infatti non entrerebbe in conflitto con la testimonianza di Forsius che indicava il 1 aprile 1535 come giorno dell'apparizione del parelio nei cieli di Stoccolma.

3. Il contesto storico e culturale del 1636: il mistico ed esoterista Johannes Bureus nella genesi del *Parhelion*

3.1. Il contesto culturale in cui nasce il *Parhelion* di Jacob Elbfas: gli interessi astrologici, cosmologici ed esoterici alla Corte di Svezia

Dunque nel 1636, dopo che il dipinto commissionato nel 1535 da Olaus Petri era rimasto esposto nella chiesa per poco più di un secolo, la direzione della Storkyrkan decise di farne eseguire una copia che potesse sostituirlo.

È in questo importante momento della commissione seicentesca che, attraverso il pittore ufficiale di Corte, il dipinto sarebbe venuto a caricarsi di una significazione strettamente numerica e segnica, astrologica e cosmologica.

Come avremo modo di esaminare approfonditamente nei successivi capitoli, al momento della commissione della copia nel 1636 "il pastore presso la Storkyrkan era Jacobus Bureus Sebracynthus, parente e sostenitore del celebre Johannes Bureus"[1] che fu famoso esoterista, uno degli uomini più colti del suo tempo e archeologo ufficiale del Regno: dunque fu proprio Johannes Bureus che, dopo avere esaminato a fondo l'antico parelio ammalorato, considerato allora un importante documento storico, ebbe modo di collaborare con la direzione della Storkyrkan e con il pittore della Regina madre per la realizzazione della copia dall'antico, facendo da fondamentale mediatore, ovvero da anello di

---

[1] Andrea Hermelin, op. cit., p. 57.

congiunzione, tra la comunità religiosa, diretta dal suo consanguineo, e l'ambiente intellettuale e artistico della Corte[2].

Prima di addentrarci nell'analisi della figura di Johannes Bureus e di spiegare come secondo noi il carattere sincretico e proteiforme del dipinto della Storkyrkan possa ricondursi alle attitudini intellettuali e alla concezione teosofica del grande esoterista, nonché al suo lavoro straordinario di linguista e di fondatore del Goticismo, vogliamo innanzitutto fare alcune brevi premesse su quelli che furono gli interessi ermetici coltivati nell'ambiente cortigiano svedese al tempo di Johannes Bureus e Jacob Elbfas, interessi che furono il risultato di pratiche astrologiche esercitate nei decenni precedenti, riconducendoci ai saggi scientifici di alcuni studiosi che hanno indagato la storia evolutiva dell'astrologia in Svezia tra XVI e XVII secolo.

Martin Kjellgren ha rilevato come alla Corte di Svezia tutti i sovrani da Gustav I Vasa (r. 1523-1560) sino all'epoca di Karl X Gustav (r. 1654-1660) fossero da sempre interessati all'astrologia pronostica e a libri esclusivi sull'argomento, e come tali interessi si trasmisero a una classe di aristocratici emergenti e parenti della dinastia reale politicamente influenti; al servizio del re Gustav I Vasa, tra gli altri, lavorò il famoso astrologo boemo Johann Copp che fu medico del re e si occupò di astromedicina[3].

A sua volta Kjell Lekeby ha descritto gli esercizi astrologici quotidiani a cui erano legati i regnanti di Svezia, dai figli di Gustav I

---

[2] A corte lavorava inoltre il cugino astronomo Andreas Bureus con il quale Johannes cooperò per perfezionare lo studio dell'alchimia, come riferisce Susanna Åkerman, *Rose Cross over the Baltic. The spread of Rosicrucianism in Northern Europe*, Brill-Leiden-Boston-Koln 1998, p. 162.

[3] "New intellectual impulses from Germany among Swedish clergy are only one of the several indications of an upswing in the astrological arts in mid-sixteenth century. At that time the royal court would become a centre of Renaissance culture that apparently attracted astrological practitioners. Virtually all Swedish rulers fram Guastav Vasa (r. 1523-1560) to Karl X Gustav (r. 1654-1660) were from time to time presented with horoscopes and forecasts by astrologers and scholars, either in hope of future patronage, or in order to present prophecies and astrological interpretation of notable events. [...]": Martin Kjellgren, *Astrology in the Ascendant*, cit., pp. 60-64.

a Christina, specificando che "i figli di Gustav I Vasa praticavano l'astrologia quotidianamente ed Erik XIV aveva raccolto un libro di oroscopi con le carte natali della sua famiglia e degli amici e nemici; suo fratello Karl IX prendeva nota degli eventi celesti più importanti, in particolare delle comete e quando egli fu re nel 1604 propose una riforma dell'Università di Uppsala suggerendo che il professore di astronomia avrebbe dovuto insegnare anche astrologia; quando nacque suo figlio Gustav II Adolf, come era costume della Corte, venne redatto il suo oroscopo, tra gli altri dall'astronomo Tycho Brahe. Fonti documentano il fatalismo di Gustav II e alla nascita della figlia Christina erano presenti diversi astrologi"[4].

A questo punto, come abbiamo anticipato nei capitoli precedenti, vorremmo porre l'attenzione sul fatto che alla Corte di Svezia nel XVII secolo, ovvero al tempo in cui venne commissionata al pittore di Corte Jacob Elbfas copia del dipinto con il parelio, lavoravano colti intellettuali che si dedicavano a loro volta all'astrologia e all'esoterismo, nonché a collezionare testi rari sull'argomento.

Come abbiamo illustrato, tra questi uomini di cultura si è imposto alla nostra attenzione Hugo Grotius che entrò in possesso dei testi di Arato e di Marziano Capella che fanno riferimento alle teoria eraclidea individuabile nel *Parhelion*: il celebre giurista, filosofo, teologo e filologo olandese dal 1634 divenne consigliere e ambasciatore della Corona di Svezia a Parigi, ove risiedette per due anni[5].

Il facoltoso uomo, oltre ad essere una figura chiave nella storia europea per la sua propensione per una politica della tolleranza e

---

[4] Kjell Lekeby, *Astrology in the Early Modern Period in Sweden*, cit., Brill, 2016.

[5] Nato nel 1583 a Delft e morto a Rostock nel 1645, "[...] egli se ne andò ad Amburgo, ove Cristina di Svezia lo fece suo consigliere nel 1634 e l'inviò suo ambasciatore in Francia. Grozio vi si risiedette in tal qualità per due anni [...] Partì in seguito per andare a rendere conto della sua ambasciata alla Regina [...].": Jean Baptiste Ladvocat, *Dizionario storico*, Remondini, Venezia 1759, p. 216.

per avere contribuito alla formulazione del diritto internazionale[6], era un bibliofilo e come ha esaminato Christopher de Hamel, che traccia il percorso degli *Aratea* di Leida, aveva comperato il codice carolingio dall'umanista Jacob Susius (1520-1596).

De Hamel riferisce inoltre che il primo libro che Grotius pubblicò nel 1599 fu un'edizione dell'opera di Marziano Capella, che, come dicevamo, faceva riferimento a sua volta alla teoria di Eraclide. Grotius utilizzò il codice *Aratea* per la propria edizione *Syntagma Arateorum, Opus poeticae et astronomiae utilissimum*, pubblicata a Leida nel 1600[7], in cui egli editò il planetario eraclideo con la configurazione astrologica: l'immagine astro-cosmologica potè così circolare più diffusamente da quella data, grazie alla pubblicazione che ne fece l'appassionato bibliofilo (fig. 19).

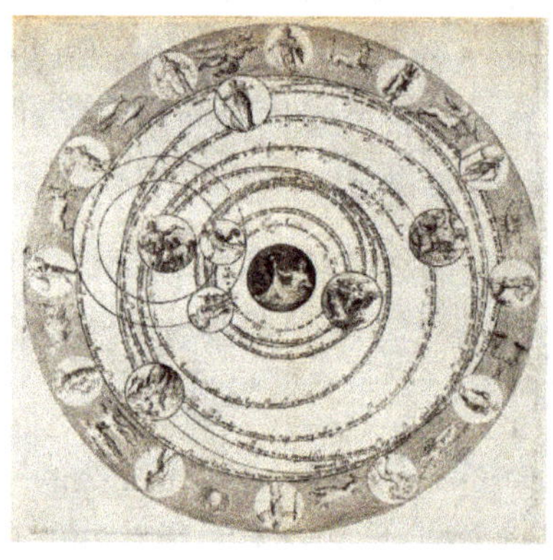

19. Huig de Groot, *Syntagma Arateorum*, Leida, 1600, planetario

---

[6] Grotius contribuì alla formulazione della teoria del diritto internazionale moderno con il suo maggior libro *De jure Belli ac Pacis libri Tres* del 1625 che "deals primarly with laws pertaining the war only to a small degree with diplomacy": Anne Charlotte Scherer, *The role of diplomacy in Swedish foreign policy under Gustav II Adolph*, Tectum Verlag Marburg, 2016.

[7] Chrisopher de Hamel, cit.: "Grozio pubblicò il suo primo libro, un'edizione di Marziano Capella, nel 1599, quando aveva sedici anni; quella degli *Aratea*, che intitolò *Syntagma Arateorum, Opus poeticae et astronomiae utilissimum* fu pubblicata poco dopo, nel 1600, a Leida."

Dunque il *Parhelion*, copia dell'antico quadro, venne eseguito in un momento in cui non solo il mistico, alchimista e cabalista Johannes Bureus era archeologo del Regno, bensì Grotius era entrato al servizio della Corona mentre il pittore Jacob Elbfas a sua volta era divenuto da due anni pittore ufficiale della Regina madre Maria Eleonora di Brandeburgo-Hohenzollern, rimasta vedova di Gustav II Adolf morto a Lützen nel corso della Guerra dei Trent'anni.

In questo delicato momento di passaggio, in attesa che l'erede al trono Christina assumesse il pieno governo del Paese[8], era l'alto Cancelliere di Svezia, il coltissimo Axel Oxenstierna conte di Södermöre, già collaboratore stretto del re, a ricoprire, con abilità ed equilibrio, un impegnativo ruolo amministrativo, politico e diplomatico durante il difficile frangente storico della guerra che si stava consumando in Europa.

Oxenstierna era a sua volta un uomo di profonda cultura anche esoterica e astrologica, come denuncia la sua biblioteca[9]; alcuni anni prima egli aveva anche sostenuto finanziariamente l'astrologo e astronomo Sigfrid Aronus Forsius, che era divenuto al tempo prezioso consulente di Gustav II Adolf quando questi salì al potere[10].

Come dicevamo, Grotius fu al servizio della regina Christina, la cui straordinaria personalità mostra quanto le discipline suddette fossero penetrate nella vita intellettuale della Corte dove i computi astrologici e gli studi esoterici avevano acquisito rinnovata importanza. Succeduta al padre ancora giovanissima, la giovane

---

[8] Christina, il cui regno si colloca tra 1632 e 1654, anno in cui abdicò convertendosi al Cattolicesimo, nacque il 18 dicembre 1626 al castello Tre Kronor e morì a Roma il 19 aprile 1689. Successe a soli sei anni al padre Gustav II Adolf e assunse pieni poteri con la maggiore età nel 1644. Su Christina si veda John J. Conley, *Kristina Wasa* (1626-1689), Internet Encyclopedia of Philosophy, con ampia bibliografia.

[9] Oxenstierna "was one of the principal book collectors in the Swedish realms": Erik Thomson, *Axel Oxenstierna and Books*, in "The Sixteenth Century Journal", 38, 3, Fall 2007, pp. 705-729.

[10] Martin Kjellgren, op. cit. p. 212.

(fig. 20) divenne famosa per la sua intelligenza e per i versatili interessi culturali, tanto che sotto il suo governo Stoccolma fu definita "Atene del Nord". Affascinata dalle dottrine esoteriche, la regina acquistò da Grotius gli *Aratea* e l'intera sua preziosissima biblioteca che, dopo la di lui morte, giunse a Stoccolma a metà ottobre 1648[11].

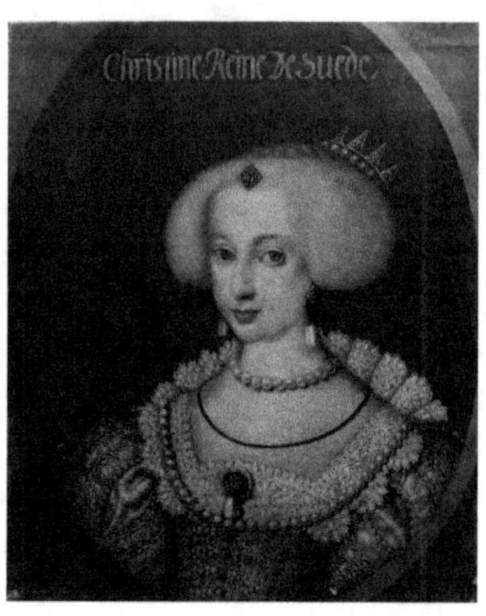

20. Jacob Heinrich Elbfas, *Cristina di Svezia sedicenne*, 1642, olio su tela, cm 90 x 76, Stockholm, Natinalmuseum

Non ci sorprende dunque che Christina, che ebbe come insegnante proprio Johannes Bureus, fosse entrata in possesso del tanto prezioso testo degli *Aratea* che trattava delle costellazioni e conteneva la teoria planetaria eccezionale; la regina infatti:

Era affascinata dagli aspetti più estremi della religione, scienza e occulto, e le immagini esoteriche ed enigmatiche degli *Aratea*, vecchi allora di ottocentocinquant'anni corrispondevano perfettamente ai suoi interessi. La regina accumulò libri e manoscritti con la stessa assiduità con cui coltivò coloro che li studiavano. La sua collezione beneficiò notevolmente dei bottini della Svezia

---

[11] Christopher de Hamel, op. cit.

nella Guerra dei Trent'anni, che inclusero alcuni dei più bei manoscritti ottoniani[12].

La regina rifletteva quelli che erano stati gli interessi di tutta la sua ascendenza e dei circoli intellettuali che ruotavano attorno alla Corte; la giovane senz'altro aveva avuto modo di conoscere preziosi manoscritti; come hanno rilevato gli studiosi, nella sua biblioteca, alla quale sovrintese lo stesso Bureus che a nostro parere, come avremo modo di illustrare approfonditamente, avrebbe avuto un ruolo primario nella commissione del *Parhelion* astrologico, erano conservati importanti testi di astrologia e cosmologia, le opere di Paracelso, di Giordano Bruno e lo *Zodiacus Vitae* di Marcello Palingenio Stellato[13].

Christina ebbe inoltre come insegnante di filosofia e astronomia René Descartes (1596-1650), che sarebbe giunto su invito di lei alla Corte di Stoccolma nel 1649 con l'incarico di fondarvi un'accademia di scienze[14]: significativa risulta la presenza alla Corte svedese del grande filosofo a dimostrazione dell'interesse da sempre rivolto al dibattito teosofico e cosmologico. Descartes, che come ricorda William Shea, "perseguì un obiettivo religioso oltre che uno scientifico", condivideva la teoria eliocentrica copernicana che gli permise di elaborare la nuova teoria cosmologica dei "vortici"[15].

Riteniamo tuttavia che, a dispetto di Copernico che inaugurò un periodo di radicali cambiamenti in campo astronomico, l'ipotesi eraclidea sottendibile al *Parhelion* – peraltro eseguito alcuni anni prima del soggiorno di Cartesio a Stoccolma – lasciando ancora la Terra e l'uomo al centro del cosmo e facendo muovere il Sole attorno ad essa, non sarebbe entrata in conflitto né con il geocentrismo sul quale si basava la disciplina astrologica, né con

---

[12] Christopher de Hamel, op. cit.

[13] Christopher de Hamel, op. cit.

[14] John Gribbin, *René Descartes*, in *Enciclopedia di Astronomia e Cosmologia*, Garzanti, Milano 1998.

[15] Sulla teoria dei "vortici" e Descartes si veda William Shea, *La Rivoluzione scientifica*, in *Le scienze fisiche e astronomiche*, Mondadori, Milano 1991, p. 203 e ss.

le Sacre Scritture, mediando in un certo qual modo tra la teoria eliocentrica, che Nicolò Copernico aveva rielaborato negli stessi anni in cui Lutero elaborò le sue tesi[16], e il sistema tolemaico geocentrico che la Chiesa, in principio anche luterana, non intendeva abbandonare per le forti implicazioni teologiche.

Insomma si trattava di un sistema planetario, quello eraclideo, che sebbene creasse due baricentri, conservava tuttavia la centralità terrestre, collegando astrologia e astronomia, caricandosi di una peculiare e utile versatilità.

Per accennare a quanta importanza avesse l'astrologia in campo astronomico, tanto che al tempo i più importanti astronomi luterani cercarono soluzioni di compromesso tra le due discipline, e quanto l'antica eppur originale teoria di Eraclide da Ponto fosse tenuta in considerazione, desideriamo a questo punto segnalare che un'importante ipotesi cosmologica, concettualmente affine alla proposta eraclidea e interessante per le sue ripercussioni in campo astrologico, fu quella elaborata da Tycho Brahe (1546-1601) che all'inizio del dibattito scientifico, inaugurato a metà Cinquecento, suggerì la propria soluzione, in cui la Terra restava al centro del sistema planetario, mentre il Sole orbitante intorno ad essa diveniva centro attorno al quale ruotavano a loro volta tutti gli altri corpi celesti (fig. 21).

Dunque Brahe aveva ampliato ulteriormente i principi su cui si basava l'ipotesi eraclidea, dilatandoli al massimo e portando al limite della sua sostenibilità lo stesso geocentrismo, recusando dunque l'eliocentrismo copernicano, poiché egli "riteneva che il pigro corpo della Terra non fosse portato per il moto e anche le Sacre Scritture ne avevano confermato la sua stabilità"[17].

---

[16] Copernico lavorò al *Commentariolus* tra 1508 e 1514. Lutero e Melantone in un primo momento non condivisero le teorie dello scienziato polacco.
[17] Per approfondimenti si veda *L'alternativa di Tycho*, in William Shea, *Copernico un rivoluzionario prudente:* i grandi della scienza, Le Scienze, Milano, 20, aprile 2001, pp. 83-88.

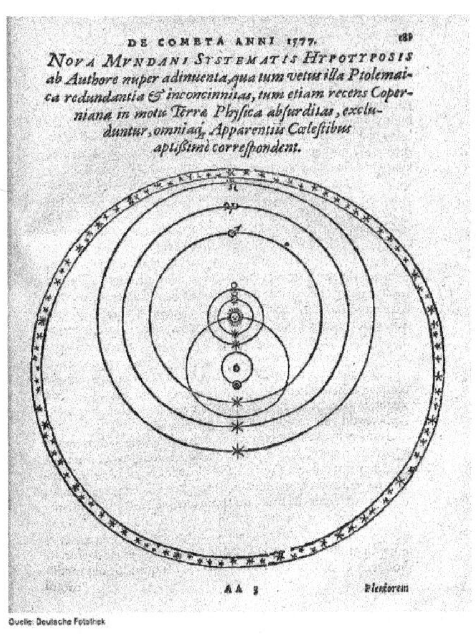

21. Tycho Brahe, modello cosmologico in una edizione seicentesca

D'altra parte, come hanno evidenziato le ricerche del teologo Walter Sparn sull'evoluzione storica dell'astrologia nei Paesi protestanti, con la teoria di Brahe, nella quale la terra era ancora al centro del mondo, "la pratica pronostica era in qualche modo ancora possibile. Sebbene l'astrologia come teoria fosse divenuta precaria in ciò che andava oltre la fisica, gli oroscopi furono redatti con scopi medici e politici per molti decenni, se non secoli"[18].

---

[18] "One might that astrology came to the end, but that was not the case. The theoretical reason for this fact is that both theology and philosophy remained principally committed to physico-theology, i.e. the cognition of the divine creator through the order of the created world and of natural processes; and this on the basis of Ptolemaic cosmology modified by Tycho Brahe in which the earth was still at the center of the world. Therefore prognostical practice was in some way still possible. Although astrology as theory had become precarious in what went beyond physics, horoscopes were generated with medical and political intentions for many decades, if not centuries.": Walter Sparn, *Rise and fall of prognostic astrology in scientific paradigms of early modern protestantism*, IKGT,

Dunque tra XVI e XVII secolo la grande importanza data all'astrologia in campo astronomico, non solo esoterico, da cui secondo noi sarebbe dipesa anche la scelta iconologica del *Parhelion* di Elbfas, indusse a considerare le due discipline complementari e inscindibili sia da parte dei mistici che ricercavano un sincretismo teosofico nell'interrelazione tra le diverse dottrine, sia da parte dai maggiori cosmologi luterani come Brahe.

Con tali considerazioni vogliamo evidenziare come anche la proposta di Tycho Brahe, riconducibile ad una mentalità astrologica di fondo, contribuisca a supportare la nostra ipotesi sulla fonte sottesa al *Parhelion* del 1636, ovvero la teoria eraclidea come raffigurata nel codice degli *Aratea di Leida,* il cui planetario astro-cosmologico, come spiegavamo, potè ulteriormente circolare grazie alla nuova edizione che ne fece Grotius nel 1600.

Come hanno rilevato gli studi condotti da Håkan Håkansson sul determinismo che caratterizzò l'astrologia apocalittica di Brahe, il grande impegno per l'astrologia da parte dello scienziato, che considerava gli effetti astrologici come uno strumento di Dio, è stato uno dei fattori che hanno motivato i suoi lavori astronomici durante tutta la sua carriera. Per entrambi gli scienziati luterani Brahe e Keplero "il compito dell'astronomo era inseparabile da quello dell'astrologo"[19].

Questa fu peraltro anche l'opinione di Lauentius Paulinus Gothus (1565-1646), teologo e astronomo conosciuto e consultato dalla Corte svedese e arcivescovo di Uppsala dal 1637 sino alla morte. Nonostante il teologo ritornasse sui suoi passi e nel 1636 nella sua *Historia arctoa* trattasse dei limiti epistemiologici dell'astrologia[20], vogliamo segnalare che nel suo almanacco per l'anno 1598 (*Prognosticon astrologicum MDXCIIX*), difendeva i giudizi e le predizioni astrologiche, concludendo che sia astronomia

---

Univerity Erlanger-Nuremberg, 17 december 2013, International Consortium for Research in the Humanities, Fate Freedom and Prognostication, p. 14.

[19] Håkan Håkansson (2004), *Tycho the Apocalyptic: History, Prophecy and the Meaning of Natural Phenomena*, in J. Zamrzlova (Ed.), *Science in Contact at the Beginning of the Scientific Revolution* (pp. 211-236). National Technical Museum, Prag.

[20] Martin Kjellgren, op. cit., p. 286.

che astrologia erano due arti necessarie, sia nel governo spirituale che temporale[21].

Concludendo, dobbiamo osservare che la teoria eraclidea sottendibile al dipinto *Parhelion,* per il possibile riferimento a un planetario di tipo arateo, avrebbe potuto essere considerata una scelta iconologica ispirata dalle applicazioni pratiche dell'astrologia nell'ambiente della Corte svedese in quel particolare momento storico, delicatissimo anche dal punto di vista degli equilibri politici e sociali, tuttavia decisivo per gettare le fondamenta di una nuova era.

Infatti, come spiegheremo, l'antica disciplina celeste era tenuta in particolare conto nel XVII secolo per fare pronostici bellici, e dal momento che il dipinto venne eseguito durante il difficile periodo della Guerra dei Trent'anni, non possiamo escludere che particolari decisioni politiche o diplomatiche dell'anno 1636 possano essere state soppesate anche in relazione alla peculiare configurazione planetaria del 20 aprile che veniva a coincidere straordinariamente ed esotericamente con l'iconografia dell'antica meteora ottica.

Se nel 1535 l'iconografia dell'apparizione celeste sopra Stoccolma si caricava di una valenza prevalentemente metaforica in collegamento più stretto con i protagonisti degli eventi religiosi e politici di cui il re di Svezia Gustav I si era fatto capofila, trovando come committente il predicatore luterano che aveva progettato di utilizzare il dipinto per giudicare dal pulpito le azioni del re, ecco che nel 1636 l'iconografia del parelio si prestava a divenire un'immagine esoterica nella quale si sarebbero ben calate due discipline importanti, l'astrologia e l'astronomia, tra loro collegate, poiché la peculiare configurazione astrologica del 20 aprile conviveva con la teoria eraclidea; la configurazione planetaria avrebbe potuto essere a sua volta foriera di pronostici politici più ad ampio raggio, facendo riferimento all'astrologia *elettiva* e *mondiale*[22], alla quale gli

---

[21] Martin Kjellgren, op. cit., p. 117.

[22] Per la dottrina delle *electiones*, si veda nota 32 di questo stesso capitolo. Per l'astrologia denominata *mondiale* si veda nota 41 a p. 82.

astronomi si dedicarono con più attenzione proprio in quel particolare periodo storico.

Dunque il dipinto di Elbfas, appoggiandosi all'immagine cinquecentesca, si presenterebbe anche come rara testimonianza della lunga storia evolutiva dell'astrologia divinatoria in ambito svedese, dagli albori della Riforma al periodo post-riformista, fondendo astrologia e astronomia quando ancora le due discipline non si erano separate.

L'ambiente intellettualmente più colto sarebbe riuscito a infondere un carattere esoterico al dipinto che era considerato antico e prezioso manifesto, anche popolare, della propaganda luterana ai suoi albori.

Ecco che il quadro con la veduta di Stoccolma, importante testimonianza storica, presentandosi totalmente privo di presenza umana, giacché governato dall'apparizione prodigiosa e ammonitoria, assumendo un carattere astratto e metafisico avrebbe aperto la strada a una articolata elaborazione semantica dell'iconografia: se al tempo di Lutero l'immagine del parelio aveva supportato la predicazione di apocalissi sociali o ammonimenti divini, ecco che al tempo delle nuove scienze, anche umanistiche, la sapienza degli astri delle élite intellettuali avrebbe sotteso all'immagine della meteora, ancora presaga di eventi politici, nella quale tuttavia l'ordine cosmico, dunque le leggi di natura, si imponevano come manifestazione della Sapienza divina colta dall'intelletto umano attraverso i numeri, il linguaggio della matematica con cui la natura si esprime.

3.2. Il 20 aprile 1636 momento decisivo per la Svezia post-riformista: astrologia e pronostici in tempi di guerra

Cerchiamo di esaminare più approfonditamente le possibili ragioni storiche per le quali, con modalità straordinariamente originali, si sarebbe voluto catturare la configurazione planetaria del 20 aprile 1636 durante l'esecuzione della copia del parelio del 1535, che presentava i sei astri in quel preciso ordine. Come dicevamo, se al tempo di Gustav I Vasa il dipinto era stato commissionato da Olaus Petri che se ne servì come immagine ammonitoria ad illustrare il contenuto dei propri sermoni, presentando un fenomeno naturale foriero di sconvolgimenti, nel periodo di regno di Gustav II Adolf (r. 1611-1632) (fig. 22) erano in gioco le sorti dell'Europa cristiana dilaniata dalla Guerra dei Trent'anni, la cui evoluzione aveva risentito sensibilmente dell'intervento svedese che ad un certo punto si rese necessario.

Quando Gustav II Adolf morì nel novembre 1632 nella battaglia di Lützen combattendo contro gli imperiali guidati dal condottiero boemo Albrecht von Wallenstein, aveva ormai dato avvio al processo di trasformazione della Svezia in una grande potenza europea con una sua delineata identità nazionale.

Nella primavera del 1636 la Corona svedese stava per stringere un patto con la Francia contro l'impero absburgico; il lord Gran Cancelliere Axel Oxenstierna (fig. 23), reggente della giovanissima regina Christina, firmava così il trattato di pace di Wismar[23], che avrebbe condotto il re Luigi XIII e la regina si Svezia ad una alleanza decennale promettendosi reciproco appoggio.

Questa azione di cooperazione fu tanto importante per le dinamiche della Guerra, quanto decisiva risultò nel settembre del 1631 la vittoria conseguita dall'armata svedese guidata da Gustav II Adolf su Tilly a Breitenfeld, presso Lipsia, quando "la supremazia

---

[23] Patto di alleanza tra Francia e Svezia, Wismar, 1636, marzo 20; Memoriale di Cristina di Svezia per Johan Adler Salvius, Stoccolma 1636, aprile 28/maggio 8: documenti in Angelo Turchini, *Quarta fase, detta francese (1635-1648)*, in *La Guerra dei Trent'anni*, EDUCatt, Milano 1998, pp. 311 e ss.

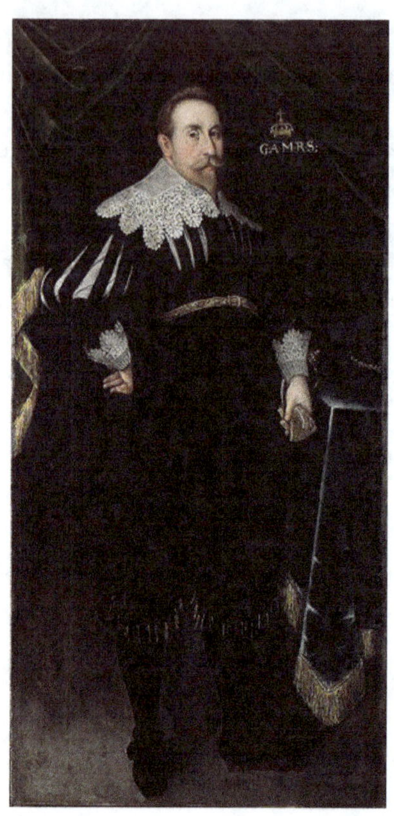

22. Jakob Heinrich Elbfas, *Gustav II Adolf il Grande*, ca 1630,
olio su tela, cm 200 x 100, Håbo, Stockloster Castle

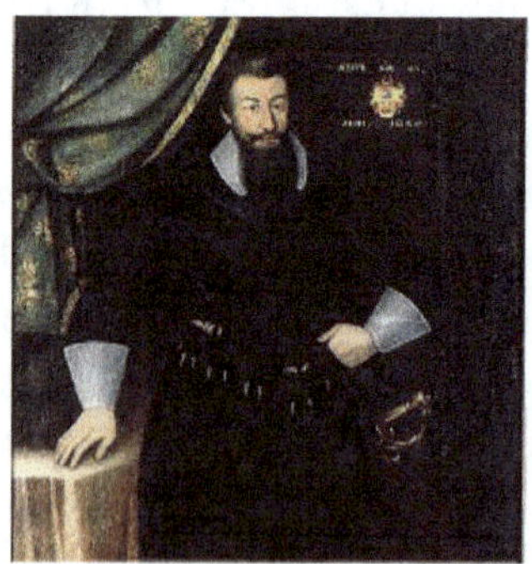

23. Jacob Heinrich Elbfas, *Axel Oxenstierna*, 1626,
olio su tela, cm 135 x 126, Stockholm, Natinalmuseum

delle armi Cattoliche fu finalmente spezzata"[24].

La Svezia dunque nella primavera del 1636 era divenuta protagonista di azioni decisive; per stipulare il trattato di pace decideva di cedere importanti territori ai Francesi[25], che a loro volta avrebbero messo a disposizione i loro sussidi per combattere gli Absburgo, con i quali alcune forze evangeliche tedesche avevano infine stretto alleanza a cagione delle divisioni che sussistevano in ambito protestante[26].

In un momento cruciale per la Svezia la fatale coincidenza tra la configurazione astrologica di quel 20 aprile 1636 e l'antica iconografia della meteora ottica del 1 aprile 1535 avrebbe potuto essere recepita come evento straordinario ed interpretata esotericamente come predestinato concorso di forze naturali e sovrannaturali, e di conseguenza letta in riferimento agli eventi politici in corso.

Senz'altro la configurazione astrologica del 20 aprile 1636 che veniva a coincidere con la foggia del parelio cinquecentesco rafforzava ulteriormente i suoi significati esoterici e divinatori collegati a sconvolgimenti nazionali e mondiali, traducendo il rapporto con l'astrologia che si instaurò durante il lungo e travagliato periodo della Riforma, che aveva preso il via con Gusta I Vasa, proseguendo con l'operato di Gustav II Adolf.

D'altra parte, come dicevamo, i significati esoterici che sarebbero confluiti nel *Parhelion* non andavano ad intaccare l'apparenza di un'opera che era ormai assurta a simbolo della propaganda luterana ai suoi albori e della storia di Stoccolma e di Svezia: i contenuti ermetici, che avrebbero accentuato l'aura di metafisicità e

---

[24] Carlos Gilly, *The "midnight lion", the "eagle" and the "antichrist": political, religious and chiliastic propaganda in the pamphlets, illustrated broad sheets and ballads of the Trirthy Years War*, in "Dutch Review of Church History", 8, 1, 2000, p. 60.

[25] Worms, Magonza, Benfeld, la riva sinistra del Reno da Breisach a Strasburgo.

[26] A proposito della Germania confessionalmente divisa durante la Guerra dei Trent'anni per cui "la Sassonia luterana non era contraria a combattere fianco a fianco con la Lega Cattolica contro l'unione protestante guidata dai Calvinisti", si veda Carlos Gilly, op. cit., pp. 46-47.

di sospeso mistero emanata dal dipinto, rimanevano infatti materia nascosta per una ristretta cerchia di uomini, mentre i più avrebbero continuato ad interpretare il quadro della Storkyrkan secondo le tradizioni che si erano tramandate e consolidate nel corso del tempo[27].

Dunque nella fatidica primavera del 1636 – proprio come era accaduto ad esempio nell'estate del 1597 in cui si cercavano astrologi che predicessero le sorti del regno in piena guerra civile, mentre il teologo e astronomo Laurentius Paulinus Gothus con il suo *Almanacco per il 1598* considerava l'importanza delle eclissi di quell'anno e dei particolari aspetti planetari[28] – gli aspetti astrologici che venivano a prodursi nella configurazione del 20 aprile, che si rispecchiava nell'antica meteora luterana, si legavano alle sorti della Nazione e ai suoi rapporti con l'intero continente europeo e potevano essere interpretati, ancora una volta e a maggior ragione, attraverso il simbolismo tolemaico assegnato ai singoli corpi celesti, che peraltro era stato più diffusamente tramandato proprio a partire dall'ambito luterano con la prima traduzione dal greco del *Tetrabiblos* redatta da Filippo Melantone[29], simbolismo che faceva di ogni pianeta una entità che presiedeva a particolari settori della società[30].

---

[27] Andrea Hermelin ricorda che "quando il diplomatico Galt nel 1622 chiese ovunque in città cosa significassero i segni non ottenne una risposta. L'errata interpretazione autoreferenziale dei sei soli era stata che essi designavano Gustav I e i cinque re che avrebbero governato per eredità.": Andrea Hermelin, op. cit., p. 54.

[28] Martin Kjellgren, op. cit, pp. 119-122.

[29] Come abbiamo ricordato, il testo di Claudio Tolomeo, *Tetrabiblos,* venne tradotto per la prima volta dal greco al latino da Filippo Melantone, che fu astrologo e ai cui insegnamenti guardava lo stesso Paulinus Gothus.

[30] "Per quanto riguarda il simbolismo planetario, esso ci è pervenuto nello stato di settenario tradizionale come è stato trasmesso da Tolomeo, al capitolo VII, libro II del suo *Tetrabiblos,* senza modificazioni o sviluppi dei successori. Saturno apporta agli uomini il danno del freddo e delle intemperie, le perdite e i sacrifici, le "vacche magre" e la carestia, gli esili, le malattie, i lutti e la morte. Giove gratifica l'umanità con la pace e con l'ordine, con l'abbondanza e la pro-

In un periodo di battaglie che insanguinarono città e campagne, quando i governi erano alla ricerca di equilibri politici sempre più delicati, mentre l'evolversi degli accadimenti faceva pensare si stesse consumando una vera e propria apocalisse, i sovrani non poterono esimersi da consultare assiduamente i loro astrologi di fiducia, e questo avveniva, come dicevamo, anche alla Corte di Svezia, che sottoscrisse il trattato di Wismar il 20 marzo 1636, quando l'equinozio di primavera, con il Sole che entrava in Ariete, sarebbe venuto a coincidere entro un giorno con il *plenilunio* in Bilancia[31], ovvero l'anno solare e il ciclo lunare si sarebbero combinati quasi alchemicamente come principio maschile e principio femminile per il compimento della Grande Opera politica e sociale, caricandosi di una particolare forza in collegamento a un nuovo inizio o grande epoca storica di cui la Svezia guidava le dinamiche.

L'astrologia *elettiva*[32] serviva d'altra parte per considerare i momenti più opportuni per affrontare questioni diplomatiche o an-

---

sperità, i progressi della civiltà e il piacere di vivere. A Marte tocca l'appannaggio dell'agitazione e dei disordini provenienti dalla violenza: tirannie, sedizioni, fatiche e lotte diverse, brigantaggi e guerre. Mentre Venere porta la tregua e dà luogo al mondo dei piaceri, passatempi, feste e allegria, godimenti artistici e la gioia di vivere. Mercurio si attribuisce il settore dei mercati, del commercio e degli affari, i trasporti, le conferenze e i dibattiti della stampa. E mentre la Luna governa la famiglia, la folla, il popolo, la moda, il Sole simbolizza la sovranità, lo Stato, il potere, l'aristocrazia, gli eroi, gli idoli, la gloria, il prestigio, gli onori": André Barbault, op. cit., pp. 46-47.

[31] Keplero stesso ricorda tale coincidenza per l'anno 1636: "Da dürffen wir nit alle Jahr so scharffrechnen sondern nur dan zumahl, wan medium Plenilunium und verum aequinoctium innerhalb eines Tags zusammenfallen als anno 1609, 1617, 1628, 1636, 1639, 1647 [...]" in Johann Kepler, *Opera Omnia*, Francofurti a. M. et Erlangae, Heyder & Zimmer, 1858-1871, vol. 4, parte 1, p. 50 (Bayerische Staats Bibliothek).

[32] La dottrina classica delle *electiones* e delle *interrogationes*, fortemente ripresa dagli arabi, è la dottrina astrologica delle opportunità, delle scelte individuali o generali. Attraverso le *interrogationes*, l'interrogare la situazione celeste di un dato momento, se ne potevano ricavare indicazioni sulle scelte, le *electiones*, più

che decidere le azioni belliche, per propiziarsi, anche nelle difficoltà, il fato e il tempo a venire, cercando di capire se compiere o meno un'azione di guerra o di pace nel momento più *indicato* dalle posizioni dei corpi celesti.

Fu proprio per queste ragioni di ricerca delle opportunità che in quella complessa e delicata fase storica il profeta visionario sassone Johann Werner trovò in quel 1636 il favore dei comandanti svedesi: Werner aveva previsto diverse battaglie nel corso della Guerra dei Trent'anni e aveva anche profetizzato la morte di Gustav II Adolf nella battaglia di Lützen; sembra che proprio nel marzo del 1636 egli abbia inviato al comandante svedese Johan Banér una lettera riguardante le future operazioni militari. Werner aveva predetto correttamente l'imminente vittoria svedese sui Sassoni e le forze imperiali nella battaglia di Wittstock nel Prignitz che si sarebbe combattuta il 24 settembre (4 ottobre) di quell'anno. Prima o dopo questa battaglia il profeta si era così unito alle forze svedesi sotto il commando di Banér[33].

Possiamo comprendere dunque quanto fossero oggetto di interesse i pronostici e quanto fossero esaminate con attenzione eventuali situazioni astronomiche e configurazioni astrologiche significative che potessero contribuire a valutare scelte difficili non solo nell'immediato, bensì in prospettiva.

Anche dalla configurazione del 20 aprile 1636 sottesa al *Parhelion* (figg. 6/7/8) emergono, a nostro parere, aspetti astrologicamente significativi, non solo in relazione ai transiti planetari di quel particolare giorno, bensì in relazione al periodo che lo aveva preceduto e a quello che lo avrebbe seguito, poiché diversi pianeti, in una concomitanza eccezionale, stavano compiendo i loro moti retrogradi ed avrebbero dunque mostrato i loro precipui effetti in modo definitivo una volta che la retrogradazione si fosse conclusa.

---

opportune da compiere: si veda Antonino Anzaldi, Luigi Bazzoli, op. cit., *ad vocem*.

[33] Per queste notizie relative a Johann Werner si veda Jürgen Beyer, *Lay Prophets in Lutheran Europe*, Brill, 2017, pp. 175-176.

Possiamo almeno affermare in questa sede che il potere della Corona (Sole, simbolo del sovrano, appena entrato in Toro, segno di Terra e domicilio di Venere) avrebbe mantenuto la propria stabilità, incontrando un'ulteriore fortunata espansione grazie al trattato di pace da poco stipulato (Sole appena uscito da Ariete, in felice *Trigono* con Giove, simbolo del potere, in moto retrogrado e in Leone, domicilio del Sole stesso), pace giocata, all'interno della lunga guerra, su sottili equilibri diplomatici collegabili alle operazioni militari (Giove retrogrado in *Sestile* con Marte retrogrado in Bilancia domicilio di Venere).

Mercurio, che simboleggia la capacità progettuale e comunicativa, si trovava al 12° 10' circa di Ariete e stava per invertire il proprio moto retrogrado proprio in quei giorni soffermandosi in quei gradi in una difficile *quadratura* a Saturno in Capricorno; tuttavia Mercurio, nel suo movimento di retrogradazione, era entrato anche in un fortunato *Trigono* con Giove alla fine di marzo, quando si negoziò il trattato di Wismar, e ancora, per l'ultima volta, avrebbe formato il *Trigono* con Giove in maggio, a significare un ciclo molto positivo, caratterizzato dal mobile e fulgido acume con cui il potere sovrano si espandeva anche grazie ad accordi nati da progetti a lungo termine; queste positività avrebbero dunque prevalso sulle negatività.

Gli aspetti disarmonici di *Quintile* coi suoi multipli e sottomultipli[34] presenti nella configurazione del 20 aprile 1636 e altri aspetti dissonanti tra Saturno e Luna e tra Venere e Marte sarebbe stati infatti passeggeri.

Come dicevamo, il *Quadrato* tra Saturno in Capricorno, domicilio primario del pianeta, e Mercurio nel segno dell'Ariete, domicilio primario di Marte, si presentava come un aspetto difficile, che avrebbe potuto ostacolare la capacità di discernimento o far

---

[34] Il *Quintile*, formato da due pianeti che insistono su un arco di 72°, insieme ad altri aspetti minori come il *Septile*, fu introdotto da Keplero e si aggiunse agli aspetti scoperti da Tolomeo. La famiglia dei *Quintili* comprende multipli e sottomulptipli come il *Semi-quintile* (36°), il *Sesqui-quintile* (108°) e il *Bi-quintile* (144°): Bil Tierney, *Dynamique des aspects astrologiques*, Editions du Rocher, [1984] 1986, p. 55.

nascere ostici impedimenti e contrarietà che tuttavia avrebbero potuto essere saggiamente corretti, essendo stati previsti in anticipo, mettendo così a frutto l'utilità della stessa sapienza astrologica; ad ogni modo Mercurio sarebbe velocemente uscito dalla suddetta difficile *quadratura* per entrare ancora, dopo pochi giorni, in un *Trigono* con Giove e, dopo la seconda decade di maggio, con Saturno stesso, apportando, in un vicinissimo futuro, grandi e fortunati benefici anche a livello diplomatico e strategico.

A sua volta il Sole, entrato il 20 aprile nel segno del Toro, stava uscendo da una delicata *Opposizione* a Marte retrogrado ed avrebbe presto formato un ottimo *Trigono* con il lento Saturno in Capricorno, all'insegna della disciplina, pronosticando un felice raggiungimento degli obiettivi prefissati, votati a una duratura stabilità con un chiaro profitto anche a livello sociale.

Nell'ambiente della Corte svedese gli astronomi che si occupavano di astrologia e delle sue applicazioni pratiche erano senz'altro addentro ai meccanismi planetari da noi in parte descritti.

Basti ricordare che un maestro dell'astrologia, il sacerdote Sigfrid Aronus Forsius docente di astronomia all'Università di Uppsala tra 1608 e 1610, venne incaricato di redigere pronostici bellici: le sue previsioni astrologiche si rivelarono particolarmente utili a livello strategico, giacché "furono influenti durante la guerra con la Polonia"[35]; Forsius suggeriva infatti che "studiando l'immagine del cielo che si trova nell'oroscopo, si diventa consapevoli della propria natura interiore e quindi si sfugge al destino cieco. L'uomo saggio governa le sue stelle"[36]. Egli venne nominato nel 1612 astronomo reale da Gustav II Adolf, e nel 1613 divenne predicatore nel Chiostro che aveva ospitato il Collegio Reale del re cattolico Johann III[37]. Dopo il 1615, nonostante i problemi con il

---

³⁵ "Astrological predictions were influential during the war with Poland [...]": Susanna Åkerman, op. cit., p. 140.

³⁶ Kjell Lekeby, op. cit., p. 81.

³⁷ "A parte l'Università di Uppsala, l'unica istituzione di educazione superiore era il Collegio Regio fondato nel 1576 e inizialmente diretto dal gesuita norvegese Laurentius Nicolai (1538-1622). Il Collegio venne posto sotto la diretta supervisione del re nel Chiostro, l'ex convento Greyfriar a Stoccolma. Nel

clero e l'accusa di ubriachezza, come ha esaminato Martin Kjellgren, Forsius continuò a pubblicare almanacchi e pronostici in
svedese, ottenendo un certo sostegno finanziario da diversi me-
cenati, tra i quali lo stesso Gran Cancelliere Axel Oxenstierna,
giacché "dai rapporti all'Oxenstierna risulta evidente che la com-
petenza di Forsius come astronomo e matematico sarebbe anche
servita ai fini dello stato militare e che l'astronomo considerava il
proprio giudizio sui segni ominosi come parte significativa del
proprio incarico"[38].

Non sorprende che il Gran Cancelliere considerasse l'astrologia
per soppesare rischi, pericoli e opportunità strategiche, insomma
per controbilanciare con l'antica sapienza, esercitata da alcuni
astronomi, i pesanti fardelli del governo del Paese che stava attra-
versando una delle più complesse fasi storiche.

Nel 1624, anno in cui Forsius scomparve, fu il cartografo e matematico Anders Bure, ossia Andreas Bureus (1571-1646) —
primo cugino dell'esoterista e runologista Johannes Bureus,
amico intimo del re – ad assumere l'incarico come "royal astronomer"[39]: Andreas Bureus era un acuto matematico ed ebbe il
compito di realizzare un grande astrolabio; ricoprì moltissimi in-
carichi amministrativi e giudiziari, partecipando a negoziati di

---

1580 Nicolai fu costretto a lasciare il Paese e il Collegio fu dal 1583 in poi
un'accademia con una pronunciata tendenza luterana. Qui erano insegnate teologia, greco, latino, lingua ebraica, poesia ed eloquenza, e vi erano insegnanti
di fisica e matematica. Alcuni insegnamenti che da sempre si impartivano erano
quelli di medicina, principale accesso per apprendere le basi della pratica astrologica": Martin Kjellgren, op. cit. pp. 53-54.

[38] Martin Kjellgren, op. cit., p. 214: "Nel *Prognosticon Astro-Theologicum* del 1619
Forsius aveva previsto che sarebbe iniziata un'età di grande Riforma. Come lui
stesso dichiarò, credeva nelle influenze astrali e si riconduceva ai segreti della
Kabbalah, all'astrologia araba, alla tradizione medievale del matematico astro-
nomo astrologo Abu Ma'shar al-Balkhi, del facoltoso astrologo Abraham ibn
'Ezra conosciuto come Abraham Iudaeus, dell'astrologo e alchimista Giovanni
da Siviglia; le sue principali fonti di ispirazione a lui contemporanee furono
Cornelio Agrippa (1486-1535) e Valentin Weigel (1533-1580)".

[39] Susanna Åkerman, *Rose Cross over the Baltic,* cit., p. 162.

pace; nominato matematico generale nel 1628 si occupò di redigere carte geografiche importanti, entrando nel Collegio di Guerra nel 1634 e nel Consiglio di Guerra nel 1640[40].

Dunque, come dicevamo, fu proprio in quegli anni terribili che l'astrologia sia *mondiale* che *elettiva* trovò ulteriori sviluppi pratici in ambito politico.

Come abbiamo ricordato, durante il periodo della Riforma e della rivoluzione scientifica, che vide l'avvento dell'astronomia moderna, l'astrologia *mondiale*, alla quale Tolomeo aveva dedicato il secondo libro del *Tetrabiblos*, assurse a una nuova dignità, esercitata ed approfondita dagli astronomi stessi, come Brahe e Kepler.

L'astrologo e psicoanalista André Barbault, nei suoi studi specifici sull'argomento, ha ricordato come entrambi gli scienziati avessero predetto avvenimenti mondiali legati alla Riforma nei paesi nordici. Brahe s'interessò molto della *mondiale*, studiando le grandi congiunzioni di Giove e Saturno[41], come quella che si produsse nel 1563 nel segno del Leone in prossimità del Cancro collegata all'ondata di peste che devastò l'Europa tra 1563 e 1564. Lo studioso ricorda che l'astronomo danese fece una famosa previsione proprio sul re di Svezia Gustav II Adolf:

Mentre dissertava nel 1572 sul significato di una "nova" apparsa in quell'anno, dichiarò che l'influenza di quest'astro sarebbe ingrandita nel 1592 alla nascita di un uomo in Finlandia "destinato a una grande impresa" per una causa religiosa. L'effetto del fenomeno si sarebbe rinforzato fino al 1632, anno che avrebbe potuto vedere la morte di quest'uomo. Ora questa fu, all'incirca, la

---

[40] E. Vennberg, *Anders Bure*, in *Svenskt biografiskt lexicon*, ed. Göran Nilzén, Stockholm, 1926, p. 704.

[41] "L'antichissima teoria delle grandi congiunzioni in relazione ai cicli del tempo e ai grandi mutamenti nella storia dell'umanità, anche di tipo religioso (denominata teoria del Grande Anno) venne coltivata nella scuola di Wittenberg e ripresa da Tycho Brahe e dal suo allievo Keplero, e ad essa attinse Tommaso Campanella, la cui filosofia della storia si basa sulle grandi congiunzioni planetarie". Per un quadro storico si veda Ornella Pompeo Faracovi, *La discussione sul congiunzionismo*, in *L'astrologia*, voce in Enciclopedia Treccani, 2013: e inoltre si veda André Barbault, *Il Grande Anno*, op. cit., p. 167 e ss.

parabola storica di Gustavo Adolfo di Svezia, difensore del protestantesimo, il quale nacque nel 1594 e morì nel 1632[42].

A sua volta Johann Kepler, allievo di Brahe, divenne famoso per i suoi almanacchi annuali con pronostici metereologici; egli, oltre a rivoluzionare la disciplina astrologica, lavorò per l'imperatore Rodolfo II d'Absburgo e venne consultato da Albrecht von Wallenstein[43], contro il quale Gustav II Adolf belligerò, perdendo la vita; anche Keplero era dunque al centro dei dibattitti astrologici relativi agli sconvolgimenti politici del tempo:

l'astronomo wurtemburghese è l'autore di una previsione storica: nel 1617, nel *Kalender für 1618*, a coloro che tengono popolazioni sotto la loro autorità consiglia quasi solennemente di evitare qualsiasi misura suscettibile di provocare reazioni violente, e di tenere bene il popolo in pugno, altrimenti "nel maggio 1618 vi sarà inizio di complicazioni politiche importanti". Precisamente in quel mese ebbe luogo la famosa "defenestrazione di Praga" che fu punto di partenza della Guerra dei Trent'anni[44].

Pertanto riteniamo che nella primavera del 1636, quando si prese la decisione di sostituire con una copia il dipinto storico della Storkyrkan di un secolo prima, erano venute a crearsi le condizioni astrologiche e storiche per dare nuova vita all'antico dipinto luterano, e anche i presupposti culturali e spirituali per ridisegnare l'anima dell'antico parelio che avrebbe saputo parlare esotericamente il linguaggio della nuova storia contemporanea, auspicando evoluzioni propizie per il Paese, tutto rivolto, al prezzo di grandi sacrifici, alla difesa dei diritti umani e all'affermazione della propria identità nazionale.

---

[42] André Barbault, op. cit., p. 28.

[43] Wallenstein, che consultò Keplero e da questi si fece fare l'oroscopo, prima del 1630 diede l'incarico a Baccio del Bianco di affrescare, nel proprio palazzo a Praga, la galleria astrologica, magnifica testimonianza storica di quanto l'antica disciplina interessasse militari e politici; a proposito della galleria si veda Milan Špürek, *L'Astrologie*, Gründ, Paris 1998, pp.157-168.

[44] André Barbault, op. cit., p. 28.

3.3. Il ruolo del filosofo e mistico Johannes Bureus nella concezione del *Pahelion* astrologico e magico del 1636

Come abbiamo anticipato, nel 1636, quando ci si attivò per eseguire copia del quadro antico raffigurante il parelio, "l'allora pastore presso la Storkyrkan era Jacobus Bureus Sebracynthus, un parente e sostenitore di Johannes Bureus, il dotto interprete delle profezie apocalittiche della Bibbia"[45].

Il parroco della Storkyrkan era un colto professore di filosofia, divenuto predicatore di Corte nel 1621 ed apparteneva alla stessa cerchia famigliare Bure[46], quella del coltissimo esoterista, cabalista e runologista Johannes Bureus (1568-1652), allora antiquario del Regno di Svezia, che, dopo avere esaminato a fondo l'antico parelio ammalorato, ebbe modo di collaborare con il suo consanguineo per la realizzazione della copia eseguita dal pittore Jacob Elbfas, facendo, secondo noi, da consolidante mediatore, ovvero da prezioso e fondamentale anello di congiunzione, tra la comunità religiosa, diretta dal suo affezionato parente, e l'ambiente intellettuale e artistico della Corte di cui egli incarnava la quintessenza. Infatti Johannes Bureus fu dapprima tutore e confidente del re Gustav II Vasa che era di ventotto anni più giovane di lui, essendo nato il re il 9 dicembre del 1594; e dopo la morte di questi avvenuta nel 1632, il grande mistico divenne insegnante della giovane regina Christina, alla quale dedicò alcuni scritti significativi, come, nel 1643, l'ultima versione della sua opera esoterica dedicata alle rune *Adulruna*[47]; egli era stato promosso nel 1610 alla

---

[45] Andrea Hermelin, op. cit., p. 57.

[46] Jacobus Johannis Bureus Zebråzynthius, cugino in primo grado di Anders Bure (Andreas Bureus) che a sua volta era primo cugino di Johannes, era nato nel 1582 nel vicariato di Säbrå e morto nel 1642; egli fu maestro di filosofia e professore a Uppsala nel 1612, parroco nel pastorato di Vendel nell'arcidiocesi di Uppsala nel 1616, predicatore di Corte nel 1621, parroco nella parrocchia della cattedrale di Stoccolma nel 1624 e vescovo della diocesi di Strängnäs nel 1639: notizie tratte da *Adelsvapen Wiki*, Bure nr. 126, Tab. 4. Inoltre a Corte, come abbiamo accennato, lavorava il cugino astronomo Andreas Bureus, come riferisce Susanna Åkerman, *Rose Cross over the Baltic*, cit., p. 162.

[47] Susanna Åkerman, op. cit., p. 27.

Biblioteca Reale, potendo in questo modo avere libero accesso a tanti preziosi codici, e nel 1630 era stato nominato *Antiquarius regni* in riconoscimento dei suoi contributi come storico[48]: dunque egli fu "il primo a cui venne affidato il compito di recuperare ed esplorare i pezzi d'antiquariato o 'antichità' del regno"[49].

Johannes Bureus si presenta dunque, in relazione alla nostra indagine, come una figura importantissima e di grande originalità, giacché egli non solo fu grande studioso di magia e misticismo, bensì il primo ricercatore che intese affrontare scientificamente lo studio delle rune, nelle quali seppe vedere il linguaggio simbolico dei Goti dell'antica Scandinavia, i cui caratteri posseggono un doppio valore, celando segreti significati divini che vanno oltre il loro convenzionale senso di lettere dell'alfabeto[50]. Già attorno al 1600 egli intraprese l'elaborazione di un sistema concernente quello che egli chiamerà "adelrune" (le rune nobili), in cui, come ha esaminato Edred Thorsson, "egli incominciò a utilizzare le rune a fini mito-magici. Il sistema delle *adelrune* venne calcato sulla scienza ebraica dello *Sefer Yetzirah* (che sappiamo che lui lesse). Le

---

[48] Su Johannes Bureus si veda in particolare lo studio di Håkan Håkansson, *Alchemy of the Ancients Goths: Johannes Bureus' Search for the Lost Wisdom of Scandinavia*, in "Early Science and Medicine", 17, 5, 2012, pp. 500-522.

[49] Andrea Hermelin, op. cit., p. 57.

[50] Håkan Håkansson ha esaminato i concetti che Bureus delinea nella sua opera esoterica sulle rune *Adeuruna Rediviva*, di cui si conservano esemplari nelle Biblioteche a Stoccolma e a Uppsala. "In philosophy the ancient Goths had surpassed all the pagans peoples, since they had been in possession of a knowledge stemming directly from Noah's descendants; a reflection of the wisdom revealed by God to Adam at the beginning of time". Lo studioso analizza di seguito la conseguente concezione che Bureus aveva delle rune: "The idea of the Goths as keepers of an ancient, ultimately divine wisdom was intimately tied to Bureus' theory that the old Scandinavian alphabet, the runes, constituted a sacred form of writing. As early as 1603, he claimed that the runic characters had 'double' meanings, carrying veiled and 'secret' significance hidden beneath their conventional meanings as letters of the alphabet. The runes, he stated, consituted a symbolic language, similar to – but also more ancient that – the Hebrew Cabala and Egyptian hieroglyphs, into which the ancient Goths had poured their vast Knowledge, keeping in intact for future generations": Håkan Håkansson, *Alchemy of the Ancients Goths*, cit., pp. 500-522.

principali fonti di Bureus furono Paracelso, e gli scritti pseudo-paracelsiani (ad esempio il *Liber Azoth* e l'*Arbatel*), il Rosacrocianesimo primitivo, e i lavori di Agrippa von Nettesheim. La sua tecnica runica principale fu una variazione della *temura* (che in ebraico significa 'permutazione'), procedura cabalistica che gioca sulle permutazioni delle lettere all'interno di una parola per dare un nuovo senso "rivelato"[51].

Il colto runologista fu uno studioso meticoloso e sagace che si dedicò dunque ad esplorare la natura segreta di una scrittura le cui iscrizioni assunsero in origine carattere magico e augurale.

Oltre all'opera più rilevante *Adulruna* da lui rielaborata nel corso di ben quattro decenni, vorremmo ricordare altri due testi a carattere sistematico che trattano dell'argomento e che ci aiutano a comprendere meglio la sua costante ricerca di una geometria segreta delle immagini, come può essere quella custodita dal *Parhelion*, per il quale egli avrebbe potuto ben concepire un articolato progetto simbolico dottrinale e sincretico.

Il primo è *Runa ABC-boken* del 1611 destinato all'insegnamento, nel quale Bureus, eliminando uno dei 16 segni dell'alfabeto runico scandinavo, poiché una volta capovolto si sarebbe presentato come replica di una delle altre lettere, divideva la serie runica di 15 segni in tre quintetti (fig. 24). I tre gruppi di lettere iniziavano con le rune F (Frey), K (Kyn), S (Sun) che formavano rispettivamente il quintetto progenitore, il quintetto generativo e il quintetto generato[52]. Ai tre quintetti veniva inoltre attribuito un valore

---

[51] Edred Thorsson, *Runelore, La saggesse des Runes. Manuel de runologie ésoterique*, tradotto, adattato e annotato da Anne-Laure et Arnaud d'Apremont, édition Pardès, Puiseaux [1987] 1994, pp. 85-86. Specifichiamo che l'*Azoth* è un testo di alchimia attribuito a Basilius Valentinus vissuto nel XV secolo; l'*Arbatel. De magia veterum* (Basilea, 1575) è un testo di cerimoniali magici che insegna come apprendere la somma Sapienza attraverso la duplice Scienza del Bene e del Male: "omnia magorum plena iuxta duplicem Scientiam Boni et Mali".

[52] Per l'analisi del particolare sistema runico elaborato da Bureus si vedano gli studi di Stephen Edred Flowers (alias Edred Thorsson), in particolare *Johannes Bureus and Adalruna. Being a study toward the delineation of the historical movement toward the Northern down*, Rûna Raven Press, 1998.

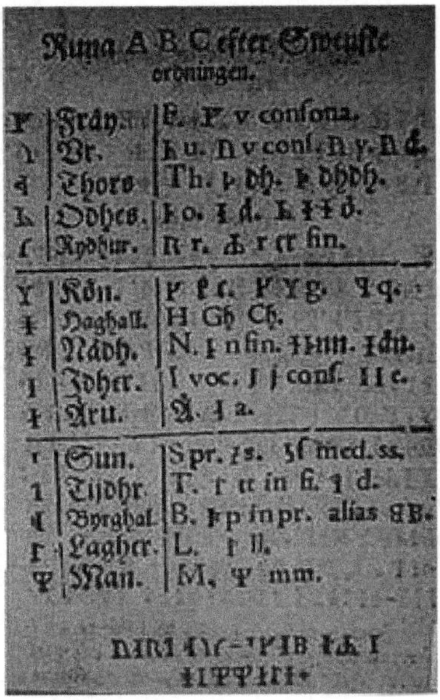

24. Johannes Bureus, *ABC-Boken*,
pagina dell'edizione del 1611 con i tre quintetti runici

numerico in progressione aritmetica, ovvero per il primo quintetto una progressione di ragione 2, per il secondo di ragione 20, per il terzo di ragione 200.

In quest'opera destinata all'insegnamento, Bureus presenta la croce runica che possiede complesse valenze simboliche, centenente le rune di Thor, Odino e Freya, completata dalle Tre Corone, simbolo nazionale della Svezia (fig. 25).

Alle Tre Corone, antichissimo stemma svedese, Bureus avrebbe dedicato nell'opera più rilevante *Adulruna* un intero capitolo dal titolo *De Vetustissimus Sveorum INSIGNIB.,* nell'ambito di una ricerca antiquaria e araldica finalizzata al recupero della memoria svedese nella elaborazione di una identità moderna della Nazione, come hanno evidenziato gli studi più recenti di Matthew Norris[53].

---

[53] Matthew Norris, *In search of the Three Crowns: Conserving, Restoring, and Reproducing Cultural Memory In Early Modern Sweden,* in "Nordic Journal of Renaissance Studies", 17, 2020, pp. 125-151 (www.njrs.dk).

25. Johannes Bureus, *ABC-Boken*, la croce runica

La seconda opera a carattere sistematico redatta da Johannes Bureus è il libro pubblicato nel 1624 *Monumenta Sveo-Gothica hactenus exculpta* (fig. 26), che nel frontespizio presenta una pietra runica emblematica dalla singolare foggia pentagonale, contiene il parziale ma prezioso frutto di uno scrupolosissimo lavoro di catalogazione ed esegesi, che presenta una serie di pietre runiche dalle molteplici fogge, rinvenute in una circoscritta regione della Svezia[54].

Johannes Bureus a seguito di una visione che avrebbe avuto il 5 dicembre 1613 nella contea di Dalarna, dove si era recato durante un viaggio ricognitivo con re Gustav II Adolf per lavorare alla nuova stampa della *Bibbia*, si sentì come iniziato ai misteri e da

---

[54] Vogliamo ricordare che nel corso della sua ricerca, che durò decenni, Bureus censì, tra centinaia di reperti, anche quello che viene considerato il più antico documento sulla successione runica in Scandinavia, la pietra di Tune, in proto-norreno, ovvero in Futhark antico, rivenuta come parte del muro del cimitero della chiesa di Tune in Norvegia.

26. Johannes Bureus, *Monumenta Sveo-gothica hactenus exculpta*, 1624,
Biblioteca Universitaria di Lund

quel momento egli "fu incline ad avere esperienze mistiche; per alcuni anni studiò discipline esoteriche come astrologia, magia e Kabbalah"[55].

Lo spiritualista, che aveva utilizzato gli almanacchi annuali a contenuto astrologico dell'astronomo Forsius[56], si era a sua volta dedicato all'astrologia pronostica[57] e mistica, con particolare riferimento alla iconografia settupla della *Monade Geroglifica* di John Dee[58], riguardante l'ermeneutica del segno geroglifico universale

---

[55] Thomas Karlsson, *Kabbalah in Sweden*, Scripta Instituti Donneriani Aboensi, gennaio 2008, p. 88.

[56] "The author of the tact under seizure in 1619 was the Finnish astronomer Sigfrid Aronius Forsius, whose yearly almanacs Bureus used for his diary": Susanna Åkerman, *Rose Cross over the Baltic*, cit., p. 126.

[57] Susanna Åkerman, op. cit., p. 127, nota 3.

[58] "In personal notes dates as early as 1609-1611, we can see how Bureus works out a mystical sevenfold iconography based on the ancient runes, inspired by millenarian and Kabbalistic texts, and in particular by the hieroglyphic monad of John Dee, which by 1610 emerges as the main pattern for Bureus' theosophic tool, the Adulruna. The notes also show that by 1610, Bureus was reading John Dee's *Monas Hieroglyphica*; he noted in particular that the monas is

che sintetizzava tutti i simboli dei sette pianeti e una complessa cifra dell'assoluto costruita intorno ad essi[59], da cui egli "attinse per costruire un simbolo denominato *Adulruna* contenente le altre *Adul* rune e divenire mappa dell'universo"[60].

Dunque, a nostro parere un sincretista come Bureus, che potè ispirarsi, tra l'altro, agli insegnamenti di Gerhard Dorn, Giovanni Pico della Mirandola e di Heinrich Khunrath[61], avrebbe potuto ben concepire nel 1636 una traslitterazione astrologica dell'immagine dell'antico parelio, prendendo spunto dagli antichi manoscritti ed elaborando un'idea estetica in chiave combinatoria che si sarebbe appoggiata alla simbologia apocalittica cinquecentesca: ecco che, in tale chiave sincretista, nel *Parhelion* sarebbero venute

---

referred to neutrally in English and Swedish 'it/ett/en.'. [...]", in Susanna Åkerman, *Adulruna and Momentum Excitationis*, in *Rose Cross over the Baltic*, cit., p. 44.

[59] Sulla *Monade* di John Dee si veda la lettura di Mariassunta Picardi, *La geometria come CLAVIS UNIVERSALIS. Filosofia, magia e misticismo in John Dee*, in "Studi filosofici", Università degli Studi di Napoli "l'Orientale", XXXIII, 210, pp. 49-75. La studiosa esamina i 24 teoremi della Monade, mettendo in luce come la matematica sia "ossatura del pensiero magico" di Dee, la cui scrittura simbolica produce una sovrapposizione di significati aprendosi alle più diverse prospettive interpretative; Dee "approfondisce il legame tra i diversi saperi determinando in modo sempre più chiaro che il mago è un esperto cabalista, astronomo, astrologo e alchimista".

[60] "The symbol has certain similarities to the *Monas Hieroglyphica* of John Dee, which contains all the symbols for the planets. Bureus's *Adulruna* is a map of the universe and the progression of mankind through various layers of existence. The *Adulruna* acts as both as symbol of man and the universe; it describes both the micro-cosmos and the macro-cosmos.": Thomas Karlsson, op. cit., p. 89.

[61] Håkan Håkansson, cit., p. 516. Lo studioso esaminando alcuni testi di questi autori come fonti importanti di Johannes Bureus, studia il rapporto tra il pensiero di questi e l'*Heptaplus* di Giovanni Pico della Mirandola, dove il mirandolano, nello spiegare la sua teoria di interpretazione biblica invocando una teoria di allegoria basata su una struttura gerarchica intrinseca al cosmo, che così si presenta simbolicamente strutturato, giocò un ruolo chiave nella visione che Bureus elaborò sulla relazione tra teologia e filosofia naturale, poiché, secondo la concezione pichiana, la scrittura riflette l'ordine dell'universo: le rune sono letterali e spirituali, rivelando i segreti del regno naturale e di quello divino.

a coesistere visualmente, interagendo, astronomia, alchimia e magia, dove l'astrologia sarebbe stata la chiave per aprire tutte le altre porte, mentre il Sole, insieme ai suoi raggi rifratti, parlava il linguaggio di una *Veritas* sovra-mondana giungendo al mondo Elementale.

Il runologista svedese, appoggiandosi alla geometria della meteora ottica, avrebbe potuto ideare, senza renderlo manifesto, l'articolato contenuto del nuovo dipinto, concependo, attraverso la sua profonda sapienza, conoscenza libraria e amplissima cultura visuale, un complesso meccanismo simbolico che si sarebbe aperto, come abbiamo dimostrato, solo con la chiave matematica dell'astrologia, identificando la configurazione planetaria del 20 aprile 1636 che sarebbe divenuta il perno significante per una trasmutazione simbolica dell'icona.

Bureus, da studioso di profezie e simbolismo, di pietre incise a scopi sacri e rituali, esperto del linguaggio dei segni e crittografo, propagatore di filosofie occulte, appassionato studioso di Kabbalah, artista e visionario, storico del Regno, avrebbe potuto elaborare, come fece John Dee, una sorta di monade o geroglifico celeste, la cui immagine si sarebbe prestata alla proteiformità, attingendo trasversalmente alle diverse branche del sapere, immagine polivalente che avrebbe potuto infine trasformarsi, come vedremo, in un manifesto spirituale della sua teoria Gotica che giocava a favore della storia di una grande Nazione svedese.

Dunque dal momento che il runologista, nelle vesti di grande mistico e antiquario del Regno, "con l'ingegnosità combinatoria che lo ha contrassegnato, deve aver visto nel dipinto coi segni celesti del 1535 un messaggio misteriosamente rivelato come oggetto storico di per sé inestimabile da preservare per il futuro attraverso la copia [...] e avrebbe dovuto apprezzare la rappresentazione documentaria della città vista ovest, poiché il quartiere occidentale della città, dopo un incendio scoppiato nel 1625, stava subendo un forte cambiamento"[62], siamo portati a ritenere da

---

[62] "Med den kombinatoriska snillrikhet som utmärkte Johannes Bureus, torde han mychet väl ha kunnat se målningen med tecknen över Stockholm från

parte nostra, che a Bureus si sarebbe presentata l'occasione straordinaria di adottare l'antica immagine luterana per richiamarsi esotericamente alla consimile configurazione astrologica di quel 20 aprile 1636 ed esprimere, attraverso la propria peculiare creatività, un ingegnoso progetto estetico e dottrinale, figlio di una concezione di Saggezza universale e divina di cui si faceva portatore lo stesso alfabeto runico, i cui simboli contenevano i segreti dell'alchimia, dell'astronomia e della Kabbalah, discipline con profonde analogie che avrebbero concorso a infondere nello stesso dipinto della Storkyrkan una quantità di occulti significati dietro l'apparenza dell'antico parelio metereologico.

Dunque ci sembra che il *Parhelion* realizzato da Elbfas risponda alla concezione elaborata da Bureus di icona o segno rivelato, che avrebbe dovuto essere simbolicamente strutturato e interpretabile allegoricamente, nel quale le corrispondenze tra le differenti discipline avrebbero condotto all'unica e totalizzante immagine del cosmo di cui i numeri sacri avrebbero costruito la planimetria e l'anima di una Sapienza universale[63].

anno 1535 lika mycket som ett mystiskt uppenbarat budskap som ett sig ovärderligt historiskt föremål att genom kopiering bevara för framtiden. [...] Bureus som själv gjort en på senare tid påträffad bild framställande Stockholm år 1602 (Sten Karling, SEA 1979) borde ha uppskattat den dokumenterande franställningen av staden sedd från väster, eftersom just stadens västra kvarter efter en brand 1625 stod under stark förändring": Andrea Hermelin, op.cit., p. 57.

[63] Questi filoni di pensiero, ai quali vogliamo ricondurre il dipinto *Parhelion*, vengono analizzati approfonditamente da Håkan Håkansson, op. cit., p. 512 e ss., dove lo studioso, come abbiamo accennato, illustra come Bureus abbia attinto in particolare dall'opera *Heptaplus* di Giovanni Pico della Mirandola.

4. Johannes Bureus ideatore di immagini sincretiche. Il *Parhelion* astrologico pentagramma celeste, monade astrale e amuleto runico

4.1. Il sigillo dell'Università di Uppsala: i sette raggi della *Veritas* tra Grazia e predestinazione

Dagli appunti di Bureus, esaminati da Håkan Håkansson, emerge come l'*Adulruna* venisse per lui a costituire la quintessenza di un linguaggio rivelato, l'elemento più prezioso che dava forma e qualità al mondo "mondano e naturale", attraverso cui le lettere runiche esercitavano il loro magico potere, proprio come faceva l'alchimia, che avrebbe attuato una metamorfosi a più livelli, materiale, psicologico e spirituale, alla conquista dell'oro in cui i metalli vili si sarebbero trasformati grazie alla sostanza volatile o polvere, l'*eliksir*: si tratta dell'arte della trasformazione della materia vile in nobile, in cui si trasfigura un processo di elevazione dell'anima umana che, svilita per la perdita del paradiso, avrebbe la possibilità di riabilitarsi e innalzarsi a Dio, solo grazie al dono del *Verbum* illuminante, ovvero di un linguaggio contenente i segreti dell'intero universo. Bureus scriveva nei suoi appunti:

Alchimia kan ock kallas adhelruna quia experitur nobilitatem rerum mundanarum seu naturalium. Adhel-runa som röner och röjer alt det ädhelt är[1].

Dunque se "adhel-runa accoglie e rivela tutto ciò che è nobile", l'alfabeto runico, grazie al suo senso rivelato, innalza l'uomo alla

---

[1] "L'Alchimia può anche essere chiamata adhel-runa, poiché dischiude la nobiltà di tutte le cose mondane o naturali. Adhel-runa è ciò che accoglie e rivela tutto ciò che è nobile": documento in Håkan Håkansson, op cit., p. 507; lo studioso così traduce: "Alchimia may also be called adelruna, since it discloses the nobility of all mundane or natural things. Adel-runa is that which receives [röner] and reveals [röjer] everything that is noble [ädhelt]".

sua parte divina, ovvero alla Verità, nobilitando il mondo stesso come dono di Dio che dischiude i segreti della natura, dove Egli si riflette. Il concetto relativo all'*adhel-runa* così come espresso dal mistico sottenderebbe secondo noi all'immagine del sigillo dell'Università di Uppsala (fig. 27), che egli progettò nel 1601, di cui abbiamo cercato di proporre una nuova lettura, cogliendone la geometria segreta, al fine di comprendere anche le dinamiche progettuali che avrebbero potuto spingerlo a concepire il *Parhelion* della Storkyrkan. Il cuore dell'emblema realizzato nel 1601[2], attorno al quale la fascia reca la scritta *Academiae Ubsialensi Sacr(atum)*, sintetizza la stessa filosofia con cui Bureus descriveva l'*adhel-runa*.

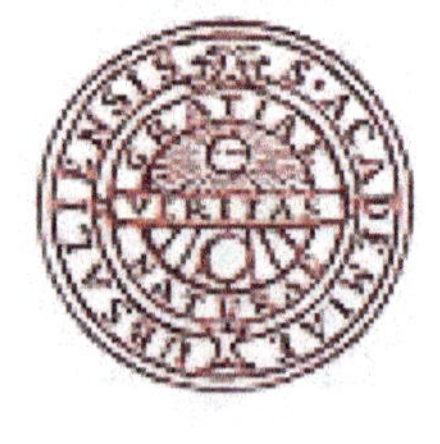

UPPSALA
UNIVERSITET

27. Sigillo dell'Università di Uppsala

La fascia orizzontale con la scritta VERITAS che separa, come un unico muro a due pareti, il mondo di Yahweh e il mondo della Natura, divide e accomuna Dio e i suoi figli; la luce della Verità, essendo discesa dalla *Gratia,* giunge alla *Natura;* dunque i raggi infiniti della Grazia arrivano al mondo terreno filtrati dalla fascia

---

[2] Il motivo compariva già in una incisione stampata a Uppsala nel 1599; nell'emblema, che si trovava al centro di un complesso disegno che presentava l'alfabeto runico, i raggi emanati da Yahweh nella metà superiore non si estendevano verso la metà inferiore. Per queste notizie facciamo riferimento a Helena Beckman, *Uppsala Universitets emblem*, Uppsala Universitet, 1 febbraio 2018.

che sta in mezzo (la *Veritas*) condivisa sia dal mondo della Natura che dal mondo di Yahweh; la *Veritas* che riflette alcuni raggi sul mondo, non può altro che risiedere nella rivelazione, ovvero nell'ordine intrinseco e strutturato secondo gli elementi celesti, che può essere penetrato dall'intelletto umano; il linguaggio della Verità è dunque il riflesso dell'ordine matematico presente in Natura dal momento che i raggi divini che partono da Dio, penetrando la *Veritas,* per illuminare il mondo, sono esattamente sette.

I sette raggi riconducibili ai gradini della progressione runica che Bureus aveva abbozzato citando diversi passaggi dalle opere del fisico e alchimista Gerhard Dorn, corrispondenti ai sette differenti stadi del processo alchemico[3], si richiamerebbero, secondo noi, ai sette corpi celesti e alle loro virtù che agiscono con le loro peculiari proprietà sul mondo sublunare, e che rispecchiano un frammento del disegno infinito di Dio, parlandoci dell'alleanza tra predestinazione e bontà del Creatore.

I sette raggi seguono una loro simmetria: quello centrale, per quasi tutta la sua lunghezza, attraversa il globo terracqueo, e i due a lato tangono obliquamente la circonferenza del mondo. Inoltre ognuno dei raggi che giunge nell'amisfero della Natura, termina su ciascuna delle sette lettere che compongono la parola *Naturae*: questa infatti riflette il disegno di Dio, Sommo Geometra, solo attraverso la numerabilità delle sue componenti.

Sette è tuttavia anche il numero delle lettere di ciascuna delle tre parole del motto *Gratiae Veritas Naturae*, ad indicare la perfetta corrispondenza che viene a crearsi tra questi tre ambiti; il motto andrà secondo noi interpreto "la Verità della Natura è quella della Grazia" ma anche "la Verità della Grazia (viene trasmessa) alla Natura", rispecchiando così l'azione dei sette raggi divini che arrivano al mondo (i sette pianeti coi loro influssi), parlando attraverso la rivelazione (la Verità), o il linguaggio rivelato, dono divino

---

[3] Per i riferimenti a Gerhard Dorn da parte di Bureus e l'elaborazione da questi abbozzata della "progressione runica" si veda Håkan Håkansson, op. cit., p. 505 e figg. 1 e 2 a p. 519.

nobile (*adhel*) e nobilitante, contenente i segreti dell'intero universo e dunque anche degli stessi corpi celesti.

Non tutto ciò che viene irradiato dalla *Grazia* può giungere alla *Natura*, infatti i raggi emanati da Yahweh sono infiniti, mentre quelli che arrivano al mondo sono numerabili, ovvero sette, e mentre i sette raggi vivificano il globo esercitando la loro virtù, permettendoci di intravedere il disegno divino, Dio è irradiante di luce infinita. I sette raggi o pianeti, contenuti nello stesso alfabeto, bastano per intuire la perfezione del disegno dell'intero universo, per guardare alla *Veritas*.

Ci sembra che questa concezione totalizzante che traluce dal sigillo progettato da Bureus per l'Università di Uppsala, si riconduca sia alla *Monas Hieroglyphica* di John Dee, sia al *De Occulta Philosophia* di Heinrich Cornelius Agrippa von Nettesheim che, nel primo libro, parlando delle impronte e dei caratteri delle cose naturali e degli astri "che riverberano e improntano sui corpi inferiori" – assioma astrologico basilare per tutti gli enunciati relativi alla sua "filosofia occulta" che argomenta di tutti gli atti largiti dall'alto che "ci aiutano a ricevere i benefici celesti e producono in noi dati effetti" – spiega che "siccome il numero delle stelle non è conosciuto che da Dio [...] noi qui trascriveremo solo i segni e i caratteri d'alcun pianeta"[4], ovvero dei sette pianeti conosciuti e delle loro lettere o caratteri.

La *Veritas* si assimilerebbe anche visivamente a *Jesirah*, il piano che secondo la Kabbalah sta al di sopra del mondo, dando a questo forma e qualità (come fanno i corpi celesti), a cui la *Ratio*, ovvero l'intelletto, potrà guardare se vorrà volgersi sapientemente alla Verità, la parte più elevata dell'anima che ci innalza a Dio, definibile attraverso i numeri e le immagini, come commentava lo

---

[4] Heinrich Cornelius Agrippa Von Nettesheim, *De Occulta Philosophia*, liber I, cap. XXXIII.

stesso Marsilio Ficino[5]; *Jesirah,* che corrisponderebbe alla quintessenza o quinto elemento, potrebbe paragonarsi all'*adhel-runa,* come processo nel quale la quintessenza opera come linguaggio rivelato, allo stesso modo della scrittura ebraica, seguendo le parole di Agrippa che definisce quest'ultima "la più augusta la più santa e la più sacra [...] essendo stata primamente formata nel soggiorno di Dio, che è il cielo, collocandovi gli astri, dei quali le lettere ritraggono le immagini, come dicono i rabbini", spiegando come le lettere dell'alfabeto ebraico rappresentino "i dodici segni dello zodiaco, i sette pianeti e i tre elementi"[6].

Nel sigillo dell'Università di Uppsala i sette raggi emanati dall'alto, ovvero i sette pianeti che esercitano il loro influsso, germinando come semi nel mondo, si ricondurrebbero al concetto paracelsiano contenuto nel *Paragranum*: "Occorre sapere che risiede nell'uomo il giovane cielo; cioè che tutti i pianeti hanno nell'uomo la loro immagine e il loro segno e i loro figli, e che il cielo è il loro padre, giacché alla formazione dell'uomo concorrono il cielo e la terra e l'uomo è fatto di cielo e terra"[7]. Dunque la terra (il mondo della *Natura* a cui giungono i sette raggi) e il cielo (da dove si diparte la luce infinita della *Grazia* da cui i sette raggi discendono) concorrono alla formazione dell'uomo che con la propria *Ratio* può guardare alla *Veritas* che sta tra Dio e il mondo, tra Creazione e predestinazione.

---

[5] Marsilio Ficino nel *Compendium in Timaeum* scriveva: "Non solum vero per numeros sed etiam per figuras describitur anima, ut per numeros quidem incorporea cogitetur, per figuras autem cognoscatur ad corpora naturaliter declinare"; si veda Gianna Pinotti, *Anima-Verità*, in "La Rivista di Engramma", 12 novembre 2001, www.engramma.org.

[6] Heinrich Cornelius Agrippa Von Nettesheim, *De Occulta Philosophia*, liber I, cap. LXXIV.

[7] Paracelso, *Paragrano, Il secondo trattato: dell'astronomia,* traduzione di Ferruccio Masini, Boringhieri, Torino 1961.

4.2. Il *Parhelion* pentagonale e il sigillo di Salomone

Bureus considerava dunque i numeri il codice divino sotteso al linguaggio della natura e alle stesse rune.

Solo i numeri avrebbero potuto parlare della struttura del mondo, alla quale Bureus si richiamava riferendosi alle misure ispirate da Dio per la costruzione del Tabernacolo di Mosè e del Tempio di Salomone:

Nu wil man korteligen til ett beslut, taga den samma Skipelsen eller Dispositionem Mundi, Werldenes Bygning, utaf Mosis Tiäll (och Salomons kyrkia,) kwilka Gud siälf kallar för sin helgedom han bor uthi, efter som de der om hafwa haft hwar sijn eftersijn som de af Gudhi haft[8].

Il *Primo libro dei Re* dell'*Antico Testamento*, descrive uno dei momenti più importanti della storia d'Israele, ovvero la costruzione del Tempio di Jahvè da parte di re Salomone che, nell'erigerlo, rispetta precise disposizioni matematiche e iconografiche; nel brano biblico si legge che il sapiente sovrano si attenne a precise leggi numeriche ispirate da Dio: Salomone, preparando la cella per porvi l'Arca, "per l'adito alla cella fece battenti in legno di olivo; l'architrave e gli stipiti formavano un pentagono"[9].

A questo passo biblico Bureus aveva dunque guardato per formulare la propria filosofia scritturale, nella quale i numeri, e in particolare il numero cinque, assumevano un ruolo strutturante, anche dal punto di vista visuale.

Riconducendoci alla nostra ricerca iconologica, non possiamo escludere che il *Parhelion* astrologico possa richiamarsi anche a un pentagramma, che fu in origine il sigillo di Salomone e la foggia

---

[8] Documento in Håkan Håkansson, op. cit., p. 514, nota 36; lo studioso spiega: "Bureus devoted much attention to Pico's idea that the Biblical account of Mose's tabernacle could be read allegorically as a description of the tripartite structure of the universe [...]. Arguing that the 'architecture of the world' had been reflected in the 'tabernacle of Moses (and the Temple of Solomon)', Bureus gave a detailed account of the measures given by Moses, claiming that these 'sacred' numbers constituted a blueprint of the cosmos".
[9] *Antico Testamento*, RE, I, 31.

dell'ingresso alla cella che il saggio re fece costruire a custodia dell'Arca; ai vertici del pentagono celeste che possiamo immaginare inscritto nel parelio, che tanti significati simbolici riassumerebbe, stanno i cinque soli apparenti o pianeti (fig. 28).

Si tratta di una figura significativamente legata alla simbologia sacra ed esoterica del numero cinque, ovvero al pentacolo, *signum salutatis* pitagorico, e alla tradizione alchemica e cabalistica.

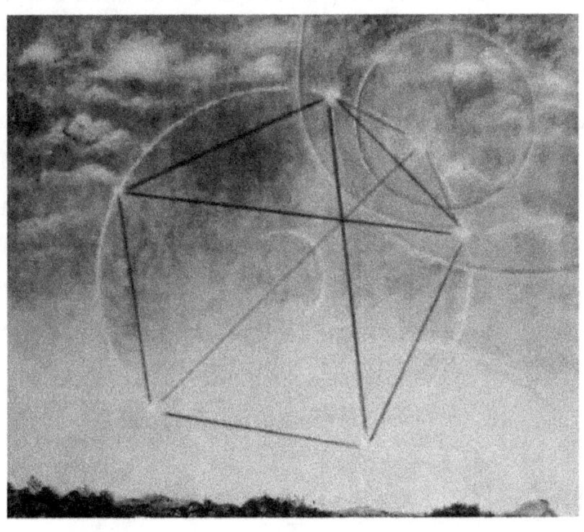

28. *Parhelion*, ideale pentagramma celeste delineato in colore rosso; runa *Tiwaz* delineata in azzurro; runa *Othala* che viene a delinearsi con due diagonali in blu simmetriche entro il pentagono (a cura di Gianna Pinotti)

Secondo le antiche dottrine, le cinque punte del pentacolo celeste, con funzione magica, si collegano ai cinque Elementi che starebbero alle origini della Creazione e della vita stessa, ovvero Acqua, Aria, Fuoco, Terra e Spirito: quest'ultimo corrisponderebbe all'Etere o *Quintessenza* dei cabalisti da noi sopraccitata a proposito dell'assimilazione teorizzata da Bureus tra alchimia e *adul-runa* nobilitante, ed è infatti quest'ultimo Elemento che, nella sua perfezione e aristotelica circolarità, metterebbe in relazione il mondo fisico al metafisico, il sublunare al celeste, ovvero il microcosmo al macrocosmo.

Il quinto Elemento era il più prezioso per gli alchimisti giacché corrispondeva al Mercurio (o *Azoth*), potere energetico vibrazionale della trasmutazione alchemica alla conquista della pietra filosofale[10], ovvero della perfetta trasformazione spirituale a cui l'uomo avrebbe dovuto aspirare per innalzarsi al Padre celeste, come concepiva lo stesso Bureus, i cui appunti, secondo l'analisi di Håkan Håkansson, rivelano come egli vedesse l'alchimia: "scienza capace di rivelare i misteri della creazione e anche di trasformare lo stesso alchimista in un essere quasi divino"[11].

Ai cinque Elementi corrispondevano dunque i vertici dell'antico sigillo di Salomone, costituito dalla stella a cinque punte, pentacolo dai poteri divini, capace di difendere il bene ed esorcizzare il male (fig. 29), come narra il testo apocrifo *Testamento di Salomone*[12], dove si legge che il re con tale sigillo, scolpito sulla pietra di un anello donatogli da Dio, avrebbe sottomesso i demoni.

Il pentagono con funzione protettiva, chiave di accesso alla cella che custodisce le Tavole della Legge scolpite dal profeta Mosè[13] come segno manifesto del patto sancito tra il popolo ebraico e il

---

[10] Vogliamo a questo proposito ricondurci a un brano del capitolo primo *De corporibus supercaelestibus* del *De lapide philosophico* riferito a Tommaso d'Aquino, incluso nel *Theatrum Chemicum* pubblicato da Lazar Zetzner a partire dalla seconda edizione del 1613, ove l'autore descrive la Quinta Essenza: "dopo avere purificato i quattro Elementi con una operazione segreta li ho congiunti e ho ottenuto una cosa meravigliosa che non era sottomessa a nessuno degli elementi inferiori": Tommaso d'Aquino, *Trattato della pietra filosofale*, cura, e traduzione di Paolo Cortesi, Newton Compton, Roma 2006.

[11] Håkan Håkansson, op. cit., p. 505.

[12] Il *Testamento di Salomone* è un testo apocrifo dell'*Antico Testamento* redatto in ebraico nel I secolo dopo Cristo, dove re Salomone, figlio di Davide, riceverebbe in dono dall'Arcangelo Michele un piccolo anello con il sigillo di Dio costituito da una pietra incisa con l'immagine della stella a cinque punte con cui egli avrebbe non solo salvato il suo preferito, un ragazzo impegnato nella costruzione del Tempio e perseguitato dal demone Ornia, bensì avrebbe marchiato tutti i demoni della terra per sottometterli, facendosi aiutare nella ricostruzione di Gerusalemme.

[13] Le Tavole scolpite da Mosè, per la loro natura e sacralità, potrebbero assimilarsi alle pietre runiche.

Creatore[14], sottendendo al rapporto tra il mondo terreno e il mondo divino, eserciterebbe il suo influsso apotropaico sul luogo sacro che potrebbe essere minacciato dalle forze del male, che proprio attraverso il pentacolo vengono dominate ed esorcizzate.

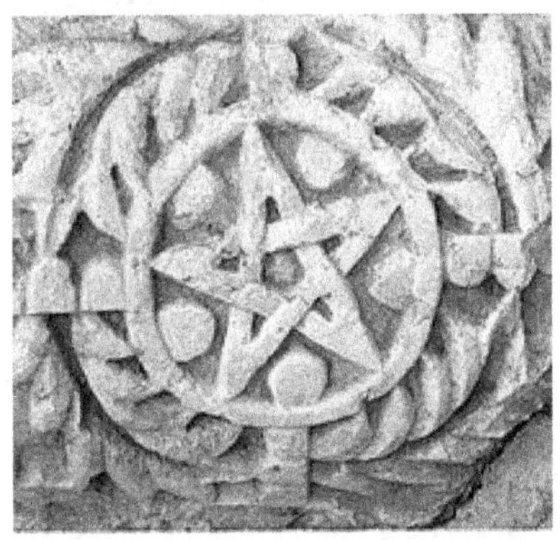

29. Sinagoga di Cafarnao, seconda metà IV secolo dopo Cristo, rovine con rilievo raffigurante il *Sigillo di Salomone*

Come nel caso del *Parhelion,* che assumerebbe funzione protettiva in ambito sacro, anche nella cattedrale Notre-Dame di Amiens ritroviamo il magnifico rosone contenente il pentagono e il pentalfa (fig. 30)[15].

Con riferimento alle fonti testuali succitate, ecco che il testo di magia tardo medievale *Chiave di Salomone* dedicava ai pentacoli una lunga dissertazione, spiegando del modo di costruirli e utilizzarli a vantaggio della salvezza dell'umanità tutta: interessante notare che in tale opera i santi pentacoli dalle molteplici fogge vengono

---

[14] Nell'*Antico Testamento* sul numero cinque si basa il Pentateuco (i cinque libri: *Genesi, Esodo, Levitico, Numeri, Deuteronomio*), si tratta della importantissima *Tōrāh shebichtar*, ovvero gli insegnamenti dati da Dio a Mosè sotto forma scritta.

[15] La cattedrale francese si mostra ricca di elementi architettonici e decorativi riconducibili a un vocabolario esoterico d'elezione. Tra questi spicca il celebre labirinto iniziatico ottagonale della navata maggiore che copre almeno un quinto della superficie della pavimentazione; il pellegrino avrebbe dovuto compiere in ginocchio il suo percorso interno di 234 metri come cammino di purificazione e ascesi alla Gerusalemme celeste.

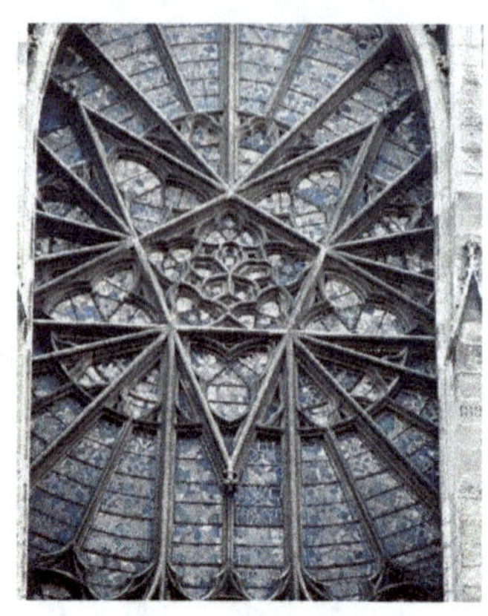

30. Cattedrale di Amiens, rosone con il pentalfa, transetto Nord, XIII secolo

consacrati ai sette corpi celesti caratterizzati da colori loro propri, poiché le figure pentacolari esercitano poteri attraverso le qualità planetarie a cui vengono consacrate, sette a ciascuno dei pianeti Saturno, Giove, Marte e Sole, cinque a Venere, cinque a Mercurio e infine sei alla Luna.

A questo peculiare concetto dunque potrebbe essere secondo noi ricondotto il *Parhelion*, nel quale viene a costruirsi la relazione magica di scambio sempre più stretto tra l'immagine dipinta e le forze planetarie; a questo proposito di fondamentale importanza, relativamente alla nostra indagine iconologica, è il secondo libro del *De Occulta Philosophia* di Heinrich Cornelius Agrippa von Nettesheim del 1533 dedicato alla *Magia Celeste,* ai cui insegnamenti Johannes Bureus attinse.

Dopo avere trattato della necessità di imparare la matematica, del potere dei Numeri e delle loro virtù nelle cose naturali e sovrannaturali, e dopo avere scritto delle scale numeriche, e dunque del numero cinque e della sua perfezione, poiché in tempo di grazia il nome ineffabile di Dio è di cinque lettere e cinque sono, tra le altre cose, le stelle vaganti, signori delle lacrime: Saturno, Giove, Marte, Venere, Mercurio[16], ecco che Agrippa giunge a discorrere

---

[16] Heinrich Cornelius Agrippa Von Nettesheim, *De Occulta Philosophia*, liber II, cap. VII.

di come le immagini, i sigilli e simili opere artificiali opportunamente incorniciati sotto una certa costellazione siano avvalorate dai corpi celesti, ricevendone le influenze di questi ultimi; di come si possa fare qualche immagine celeste e si possa ricevere qualche virtù meravigliosa; di come i pianeti imprimano la loro qualità alla figura; in particolare se la figura è simile a quella celeste essa è meglio preparata a riceverne l'influsso[17].

Agrippa spiega inoltre come "le figure geometriche, che risultano dai numeri, non hanno minore efficacia degli stessi numeri" e come "il pentagono sia efficace contro i cattivi demoni sia per la virtù del numero cinque che nel tracciato delle sue linee, che formano all'interno cinque angoli ottusi e all'esterno cinque angoli acuti"[18].

Inoltre, scrivendo della proporzione, misura e armonia del corpo umano[19], ne presenta l'immagine inscritta in un pentagramma astrologico, dove i sette pianeti corrispondono a punti precisi del corpo (fig. 31), figura che sintetizza la sua concezione dell'uomo, l'opera più bella e perfetta di Dio, posto al centro della Creazione e partecipe del tutto, dunque dei numeri, degli Elementi e dei cieli; all'uomo solamente viene fatto dono di governare le influenze astrali per effetto della sua volontà.

Dunque secondo gli insegnamenti di Agrippa anche nel caso del *Parhelion* il valore espansivo del divino pentagono celeste – i cui vertici sono occupati dai cinque soli parelici ai quali corrispondono i cinque corpi celesti Saturno, Giove, Marte, Venere, Mercurio come disposti nella configurazione del 20 aprile 1636 che sottende all'immagine concepita secondo gli assiomi della magia

---

[17] Agrippa, *De Occulta Philosophia*, liber II, cap. XXXV. Sono questi i principi di magia che si trovavano nel *De Vita* di Marsilio Ficino, pubblicato nel 1489: "Quam vim habeant figurae in caelo atque sub caelo; quales coelestium figuras antiqui imaginibus imprimebant, ac de usu imaginum": Marsilio Ficino, *De Vita*, III, 17-18.

[18] Agrippa, *De Occulta Philosophia*, liber II, cap. XXIII.

[19] Agrippa, *De Occulta Philosophia*, liber II, cap. XXVII.

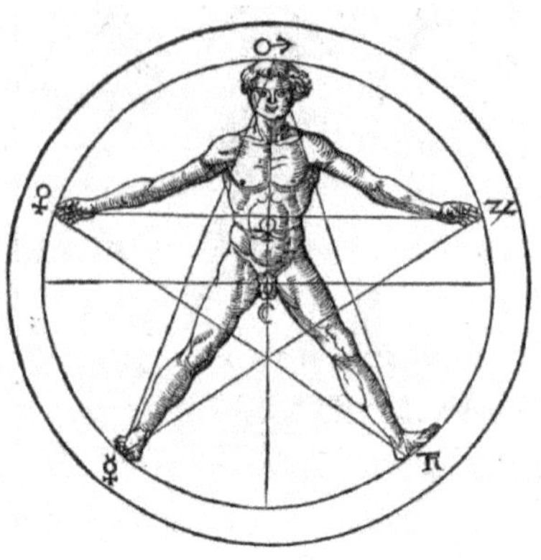

31 Agrippa, *De Occulta Philosophia,* pentagramma e corpo umano con i simboli di Mercurio, Venere, Marte, Giove e Saturno ai vertici (i due luminari Sole e Luna corrispondono al centro del corpo stesso)

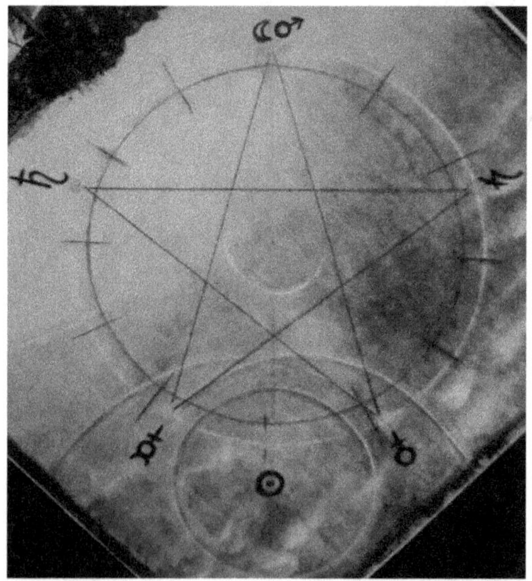

32. *Parhelion,* pentagramma astrologico, ai vertici Saturno, Giove, Marte, Venere e Mercurio (a cura di Gianna Pinotti)

(fig. 32) – rinforzerebbe la propria efficacia, incrementando l'influsso e le aspettative: in questi termini la figura dipinta nel 1535 e reinterpretata nel 1636 avrebbe assunto una virtù celeste che avrebbe trasceso la rappresentazione del parelio meteorologico, caricandosi di un valore magico, oltre che astrologico, cercando di convogliare oggettivamente le energie cosmiche e le virtù apotropaiche attraverso quella che era divenuta un'immagine emblematica nell'ambito della storia religiosa e politica svedese, in un cruciale momento storico, quando si cercava di esorcizzare tutto il male che la guerra stava seminando, auspicando la sconfitta degli eserciti cattolici a cagione dei quali la Nazione aveva perduto il suo grande sovrano.

Il parelio dipinto si sarebbe prestato a divenire un oggetto magico che avrebbe rafforzato la configurazione astrologica sottesa, esercitando la sua funzione propiziatoria specifica sul tessuto sottile e invisibile della realtà ancor più efficacemente, facendosi tramite delle energie astrali secondo il principio analogico per cui la magia si eserciterebbe attraverso il potere di precise immagini dove la figura chiama a sé la figura, giacché come sosteneva Agrippa "in ogni operazione magica bisogna dunque osservare le posizioni i moti e gli aspetti delle stelle e dei pianeti nei rispettivi segni e gradi e in quali disposizioni si trovino tutte queste cose rispetto alla latitudine e alla longitudine del luogo"[20].

L'opera d'arte di Elbfas, che avrebbe celato le posizioni dei pianeti di quel particolare giorno e in quella particolare ora, sarebbe così divenuta una sorta di talismano potentissimo, simile a una incisione runica, capace di attrarre lo stesso cielo, ubbidendo a una "filosofia delle forme"[21].

---

[20] Agrippa, *De Occulta Philosophia*, liber II, cap. XXIX.

[21] Come spiegava André Chastel, a proposito del rapporto tra la filosofia ficiniana e l'arte, l'opera d'arte possiede il potere di tradurre il volto invisibile delle potenze astrali, divenendone uno strumento: "l'œuvre d'art traduit le visage invisible des puissances astrales. Il y a là comme l'esquisse d'une philosophie des formes sous le vêtement d'une pseudo-science. Ficin [...] reccomande d'interroger les symboles antiques, les hiéroglyphes, tous les témoins des sciences 'sacerdotales' de l'Orient, qui guident et favorisent l'intuition, de même,

4.3. Il *Parhelion*: monade astrale e amuleto runico magico per auspicare il compimento della Grande Opera sociale e politica svedese

Nell'antico parelio luterano, così trasfigurato in chiave astrologica e magica, avrebbe potuto calarsi una monade astrale vera e propria, icona storica e spirituale verso il compimento di una Grande Opera sociale e politica.

Il 20 aprile 1636 con l'entrata del Sole nel segno del Toro, che nella tradizione alchemica sovrintendeva al cominciamento della Grande Opera dello Spirito insieme ad Ariete e Gemelli (fig. 33)[22]

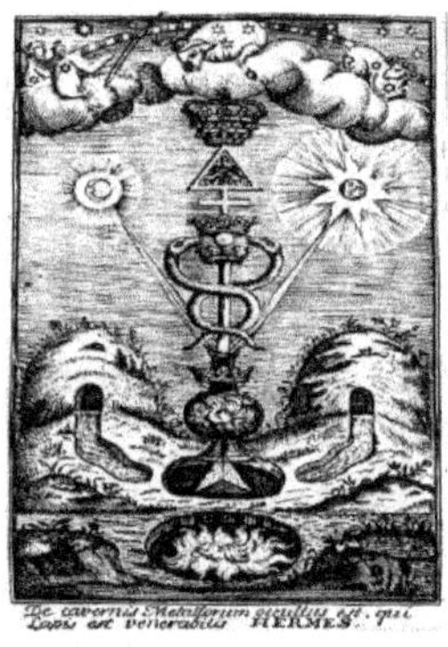

33. Alexandre T. de Limojon de Saint-Didier, *Le Trionphe Hérmetique*, [Lipsia 1604] Amsterdam 1689: in alto porzione dello zodiaco con Ariete, Toro, Gemelli.

---

il considère la mythologie comme le répertoire des relations obscures qui animent le cosmos, l'instrument du sovoir positif": André Chastel, *Conaissance "orphique" et magie*, in *Marsile Ficin et l'art*, Droz, Genève 1996, p. 84.

[22] Abbiamo proposto nella figura 33 l'immagine del frontespizio de *Le triomphe herhétique ou la pierre philosophique victorieuse* di Alexandre Limojon de Saint-Didier del 1689, traduzione francese di un testo tedesco di anonimo pubblicato a Lipsia nel 1604, ove, si mostra la preparazione della pietra filosofale (o elisir di lunga vita) nella mutua corrispondenza tra cielo e terra attraverso il Sole e la Luna, legami segreti di questa unione filosofica al fine di ottenere il Mercurio, sotto la porzione dello Zodiaco che la rappresenta (Ariete, Toro e Gemelli).

– Toro, Ariete e Gemelli sono proprio i tre segni che nel dipinto della Storkyrkan sarebbero occupati rispettivamente dal Sole, da Mercurio e Venere, i due *parelii* che affiancano l'astro solare (figg. 6/7) –, tutto avrebbe concorso alla conquista di una meravigliosa opera storica: quel giorno, quando la configurazione astrologica si conformava alla foggia dell'antica meteora, avrebbe segnato l'inizio di una nuova epoca e il *Parhelion* si sarebbe trasformato in un manifesto di grandezza spirituale e sociale per il Paese che, pur avendo visto morire il suo grande re, avrebbe colto la sua eredità per perpetuarla sapientemente e salvare la libertà della Fede.

Se non solo il mago, come insegnava Agrippa, bensì anche l'alchimista, come scriveva Tommaso d'Aquino, doveva essere a conoscenza di tutto quello che concerne il mondo celeste, dell'influsso dei sette pianeti e dei dodici segni zodiacali, a ciascuno dei quali corrisponde una sostanza ed un metallo[23], allora Bureus avrebbe compiuto, attraverso il progetto che sottendeva ad una icona storica come il *Parhelion*, il proprio ruolo di perfetto alchimista gotico, in coerenza con quello che egli aveva elaborato come runoligista, ovvero, come ha rilevato Håkan Håkansson, la costruzione delle giuste corrispondenze tra i sette gradini della scala delle trasmutazioni della materia e il sistema delle rune, "suggerendo che questi processi in qualche modo si riflettessero l'uno nell'altro"[24].

L'astrologia, basata su precise leggi matematiche riconducibili alle configurazioni dei sette corpi celesti e ai loro influssi sul

---

[23] Si veda a questo proposito il terzo capitolo *De esse et essentia metallorum, et primo de eorum esse et essentia seu compositione naturali et esse suppositi* del *De lapide philosophico* riferito a Tommaso d'Aquino, dove si legge che "la costituzione dei metalli è determinata dalla materia del pianeta corrispondente e ciò che accade in Natura deve essere riprodotto per artificio. Vi sono sette metalli, ciascuno correlato al suo pianeta, cioè l'oro che viene dal Sole e che così si chiama; l'argento dalla Luna, il ferro da Marte; l'argento vivo da Mercurio; lo stagno da Giove; il piombo da Saturno; il rame e il bronzo da Venere; i metalli sono chiamati col nome del loro pianeta.": Tommaso d'Aquino, *Trattato della pietra filosofale*, cura, e traduzione di Paolo Cortesi, Newton Compton, Roma 2006.

[24] Håkan Håkansson, op. cit., p. 518.

mondo sublunare, dunque sulla materia e sull'uomo, restava tuttavia la chiave per aprire tutte le porte, ovvero la sapienza trainante per accedere a tutte le altre dottrine che ad essa facevano necessariamente riferimento; proprio come spiegava Agrippa: "e poiché tutto ciò che è mosso agitato prodotto in questo mondo terreno, segue necessariamente i moti e le influenze dei corpi superiori, bisognerà ridurre ad essi, nonché alle loro origini cause e segni, i nostri giudizi secondo le regole astrologiche"[25].

Dunque anche il linguaggio, che si compone di lettere ovvero di segni e simboli, avrebbe saputo prendere l'aspetto del cielo, e i segni un ritmo settenario, giacché configuravano il rapporto tra ciò che è terreno e ciò che è celeste, tra mondo sublunare e corpi celesti, ritmo che segue dunque il sistema runico elaborato da Bureus, in cui è infuso il potere del cielo.

È così che nel *Parhelion* se da un lato lo stemma nazionale delle Tre Corone dorate, poste sulla croce della torre del castello reale, si ricollega alla croce runica elaborata da Bureus nei suoi testi divenuta simbolo del compimento di una Grande Svezia[26], dall'altro nella monade astrale possono trovare la loro magica ragione d'essere le rune stesse, che peraltro costituivano sin dall'antichità una forma di divinazione, proprio come l'astrologia[27].

---

[25] Agrippa, *De Occulta Philosophia*, liber II, cap. LIII.

[26] Il compimento della Grande Opera storica e sociale è secondo noi simboleggiata dalla doratura delle tre Corone poste sulla torre del castello Tre Kronor, stemma di una Grande Svezia che ha raggiunto una propria età aurea, giacché le tre corone si riconducono in ambito alchemico alle tre fasi che portano al compimento della trasformazione dei metalli vili in oro, ovvero ai tre principi Mercurio, Zolfo e Sale, e ai tre regni minerale, vegetale e animale. Nella filosofia neoplatonica, come ha osservato Matthew Norris, la triade ci riporta al *mundus triplex* (Intellettuale, Celeste, Fisico) e l'*homo triplex* (Spirito, Anima, Corpo). Si veda Matthew Norris, op. cit., p. 133.

[27] Le rune, sin dall'antichità, costituivano, come l'astrologia, una forma di divinazione esercitata dal sacerdote o dal *pater familiae,* ovvero utilizzate a tale scopo sia per motivi pubblici che motivi privati. Si veda Publio Cornelio Tacito, *De origine et situ Germanorum*, X. Sul metodo di interpretazione runico si veda Laurent H.R. Ryder, *Les Runes. Les meilleures méthodes d'interprétation*, Librairie de l'inconnu éditions, Paris 1994.

In questa monade celeste proteiforme avrebbero potuto essere tracciate alcune lettere runiche, esaltando la loro antica funzione magica, giacché le rune, sin dalle più antiche origini, erano incise sopra superfici che avrebbero dovuto catalizzare la loro forza divina intrinseca, acquisendo così un significato protettivo[28].

Tra le più protettive troviamo la *Tiwaz* da *Tyr*, nome della divinità legata alla guerra, che viene considerata la runa della vittoria: il segno si presenta come una freccia rivolta verso l'alto e secondo la tradizione avrebbe dovuto essere incisa sulla spada e pronunciata più volte per auspicare la vittoria, come si legge nel testo poetico *Edda* (*Sigrdrìfumàl*).

Nel *Parhelion* potrebbe ad esempio essere disegnata questa lettera *Tiwaz* propiziatoria, con il Sole, simbolo del sovrano, al suo vertice (fig. 28), una lettera runica che avrebbe potuto essere messa in relazione con gli accadimenti politici e bellici che si stavano svolgendo[29].

Altre lettere runiche possono essere delineate nell'ambito dell'immagine celeste propiziatoria.

Guardando alla funzione emblematica del dipinto *Parhelion* in ambito ecclesiastico, abbiamo disegnato la O dell'alfabeto runico antico, tracciando le due diagonali all'interno del pentagono immaginario, ovvero del circolo parelio principale (fig. 28): si tratta di una runa importante, quella di *Odhinn* (Odino), *Odel* o *Othala*

---

[28] Ricordiamo che in Paracelso, ad esempio, sui sigilli in metallo, che vengono preparati in particolari condizioni astrologiche, sono incisi segni, figure, scritte anche in lingue e alfabeti diversi, a scopi prettamente magici.

[29] Gli ufficiali svedesi ben conoscevano le rune e il loro significato giacché le utilizzavano durante la Guerra dei Trent'anni per inviare messaggi in codice: "Pendant la Guerre de Trente ans, un général suédois, Jacob de la Gardie, rédigeait des communications à ses officiers supérieurs en runes, comme une sorte de code": Edred Thorsson, op. cit., p. 87; "At the birth of Gothic Runology during the period of the Swedish Great Epoch, something of a revival of the runes took place. They were used among many Swedish officers during the Thirty Years War to encode messages.": Thomas Karlsson, op. cit., p. 90. Dunque non escludiamo che anche in quei frangenti bellici, quando i generali cercavano risposte presso visionari come Werner, l'alfabeto runico potesse farsi portatore di ancestrali valori divini emananti forze positive.

(fig. 34) nome che deriva dall'islandese *Odhal*, la proprietà ancestrale ereditata, dunque simbolo dell'eredità spirituale di un intero popolo: l'importanza dell'albero genealogico si trasfigura in quella del clan[30].

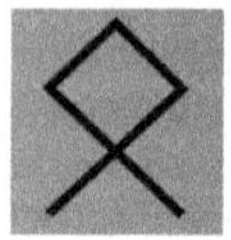

34. *Othal*

D'altra parte, come hanno spiegato gli studiosi, il lavoro di Bureus ebbe profonde e importanti implicazioni a livello nazionalista, dal momento che le sue teorie goticiste concorrevano al conseguimento, da parte della Svezia, di una forte identità culturale, politica e religiosa[31]: dunque è possibile immaginare che lo storico avesse voluto vedere nel particolare segno *Othal* dal carattere totalizzante un simbolo della grande opera sociale e politica che si stava dispiegando e anche un richiamo ad un amore per gli Ancestri che egli stesso coltivò[32].

Una volta delineate le rune *Tiwaz* e *Othal* possiamo intravedere, nell'ambito della figura celeste come da noi immaginata (fig. 28),

---

[30] Si tratta del recinto sacro, e la runa descrive il recinto circolare, simbolo della terra recintata separata da tutto ciò che la circonda, e resa così sacra. In ambito sociale dunque questo concetto assume rapidamente un significato astratto, quello dell'eredità spirituale del clan o della tribù di cui il campo dell'Odal era un simbolo. In quanto tale, la runa O simboleggia l'eredità spirituale d'un gruppo. Per queste notizie e i significati delle rune si veda Edred Thorsson, op. cit., p. 176.

[31] "Tout le mouvement du *Storgoticism* avait des ramifications politiques d'une envergure considérable. Porté par la vague de nationalisme, Gustave Adolphe rompit avec le catholicisme, et entama une politique nationaliste justifiée par les idées du *Storgoticism*. Dans le domaine religieux, une élite semble avoir pu se ragrouper dans les cercles supérieurs et utiliser la Rèforme comme couverture pour développer une 'Foi gothique'. La charge d'Archéologue Royal fut le coeur de cette nouvelle religion nationale, dirigée par Bureus et soutenue par le roi": Edred Thorsson, op. cit., pp. 86-87.

[32] Ci riferiamo all'importante lavoro di Bureus come genealogista.

diverse rune, giacché la runa *Othal* ne contiene altre, presentandosi come una runa multipla dal significato totalizzante, e il *Parhelion* arriverebbe in tal modo ad assimilarsi a un talismano runico complesso come l'amuleto Lindholm, un osso di costola scolpito che assunse funzione magica comprovata dalle diverse ripetizioni runiche collegabili alle invocazioni rituali (fig. 35).

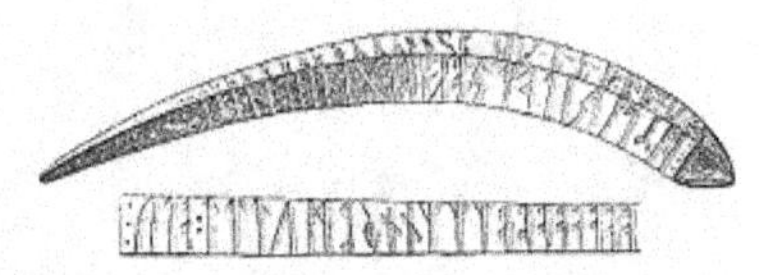

35. Amuleto Lindholm, disegnato da Stephens nel 1884, II-IV secolo, Museo storico dell'Università di Lund

Lo studioso Edred Thorsson da parte sua riporta come esempio l'osso di costola animale di 75 cm rinvenuto in Svezia nell'antica chiesa di Särkind (Östergotland) databile al XV secolo, al quale vogliamo richiamarci, giacché la seconda parte dell'iscrizione (lato B) è composta da una "runa legata multipla dal significato incerto, che potrebbe designare il nome del mago oppure essere una combinazione di diverse rune in vista di un effetto magico" (fig. 36)[33].

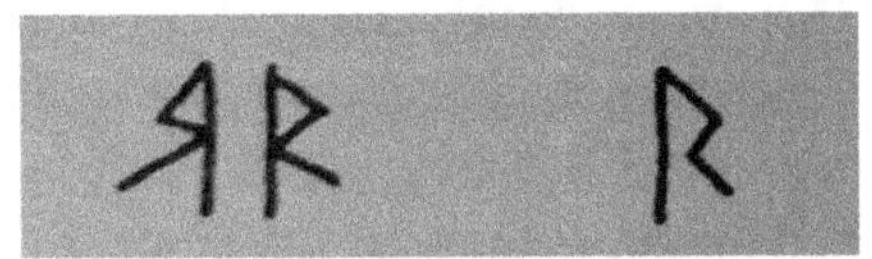

36. Amulelo di Särkind, lato B, XV secolo

Possiamo notare che nel dipinto *Parhelion* attraverso le rune da noi tracchiate, è riconoscibile la stessa runa multipla o complessa (fig. 37). Ecco che il carattere apotropaico e magico attribuibile al pentagono astrologico celato nel *Parhelion* avrebbe potuto essere

---

[33] Edred Thorsson, op. cit., pp.78-79.

destinato ad esaltare le energie positive e governare le negative, come spiegava l'*Arbatel* che svelava i segreti dell'apprendimento

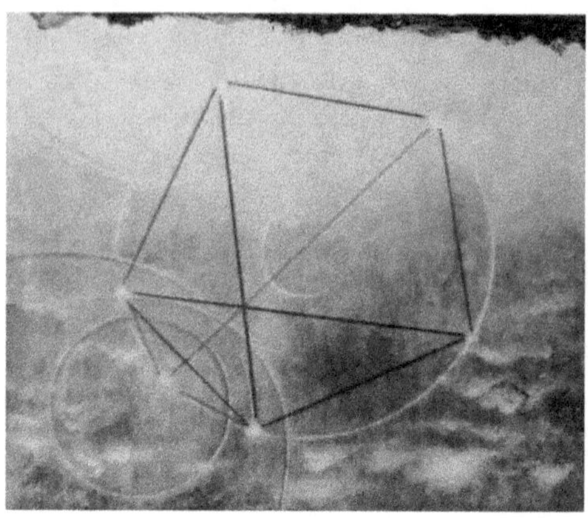

37. *Parhelion* capovolto con pentagono e runa complessa
(a cura di Gianna Pinotti)

della somma Sapienza proprio attraverso la duplice Scienza del Bene e del Male[34]; tale magia sarebbe stata incrementata da quella sprigionata, secondo la filosofia di Bureus, dalle stesse rune per la loro peculiare natura di linguaggio rivelato.

4.4. Johannes Bureus ideatore di immagini sincretiche: il suo autoritratto pentavalente e l'alchimia della Storia

L'articolata opera della Storkyrkan concepita nel 1636, nella quale i cinque corpi celesti, corrispondenti ai cinque soli apparenti, ovvero ai cinque Elementi, concorrevano alla significazione di un'immagine sacra pentavalente, non sarebbe stata l'unica pittura iconograficamente complessa dal contenuto dottrinale e sincretico alla quale Bureus si sarebbe dedicato. Ci riferiamo al suo ritratto esoterico (fig. 38) eseguito nel 1627 da un misterioso artista

---

[34] A proposito dell'*Arbatel* si veda nota 51 del capitolo 3 a p. 84.

di cui compaiono le iniziali J.L. In questo ritratto straordinario il runologista viene raffigurato circondato dai quattro simboli degli Evangelisti, così come erano stati concepiti dai Padri della Chiesa in riferimento alla visione del Tetramorfo che si trova in *Ezechiele* (1, 5-12) e nel libro dell'*Apocalisse* (4, 6-8), nel quale vengono descritti i "quattro esseri viventi" alati, il leone, il vitello, l'uomo e l'aquila, che circondano in cielo il trono del Sovrano universale e giorno e notte non cessano di ripetere "Santo, santo, santo il Signore Dio, l'Onnipotente, Colui che era, che è e che viene!"[35].

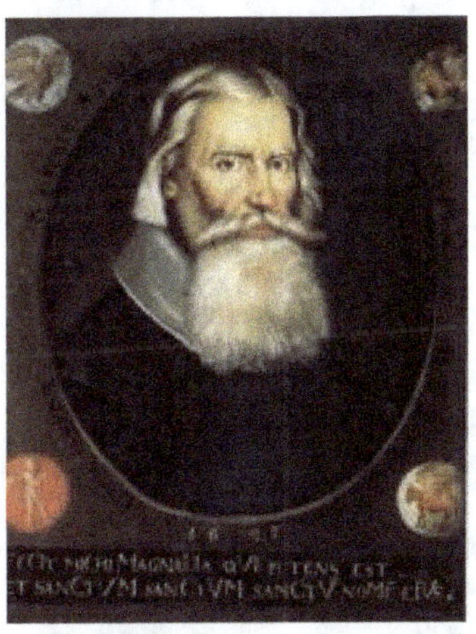

38. J.L., *Ritratto di Johannes Bureus*, 1627, Gripsholm Castle, Svezia

Ognuno dei quattro Esseri, che incorniciano l'ovale centrale ove si trova il ritratto e che corrisponderebbero, secondo la tradizione ermetica, ai quattro Elementi, il Toro alla Terra, l'Angelo all'Acqua, il Leone al Fuoco, l'Aquila all'Aria, evidenzierebbe, a nostro parere, con le parole che lo accompagnano, un'attitudine appartenente allo stesso Bureus; queste predisposizioni interiori o temperamenti, rimescolandosi tra loro, formano infatti il quinto Elemento (la Quintessenza), ovvero lo Spirituale, che potrebbe

---

35 *Apocalisse* 4, 6-8. Gerd Heinz-Mohr, *Tetramorfo*, in *Lessico di Iconografia Cristiana*, Istituto Propaganda Libraria, Milano 1984 (traduzione dal tedesco di Michele Fiorillo e Lina Montessori), pp. 330-333.

essere da lui stesso rappresentato: l'aspetto giovanile (Angelo), l'essere al di sopra di tutte le cose (Aquila), l'intrepidezza (Leone), la recalcitranza (Bue), segnalati nelle corrispondenti scritte latine, potrebbero essere attributi commisti nella sua persona che dichiara "Colui che è potente fece in me [mi(C)hi] cose meravigliose e santo santo santo è il suo nome", parole che fanno eco a quelle dell'*Apocalisse*.

L'ovale potrebbe richiamarsi inoltre al glifo dell'uovo che per Dee era stato un modello di cielo eterico (fig. 39), dal momento che l'orbita dei sette pianeti avrebbe descritto un ovale; concezione paracelsiana presente nel *Paragranum*, ove "il giallo dell'uovo corrisponde alla sfera inferiore, il bianco alla superiore; il giallo alla terra e all'acqua, il bianco all'aria e al fuoco"[36], a conferma che Bureus volesse raffigurarsi come sintesi Elementale o Quintessenza magnifica.

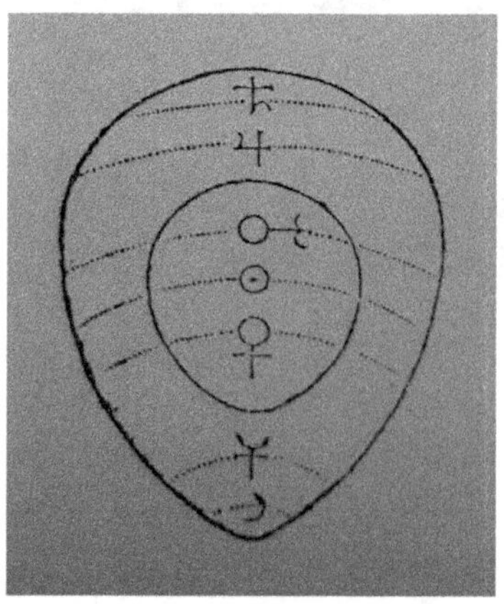

39. John Dee, *Monas Hieroglyphica*, Antwerpen, 1564

---

[36] Alexander Roob, *Alchimie et Mystique*, Taschen, 1997, p. 118.

Bureus, ispirandosi più precisamente al frontespizio dello stesso testo di Dee, si sarebbe identificato dunque nella sincretica monade incorniciata nell'ovale centrale, circondato dai quattro Elementi simboleggiati da Sole, Luna, e globo terracqueo (fig. 40).

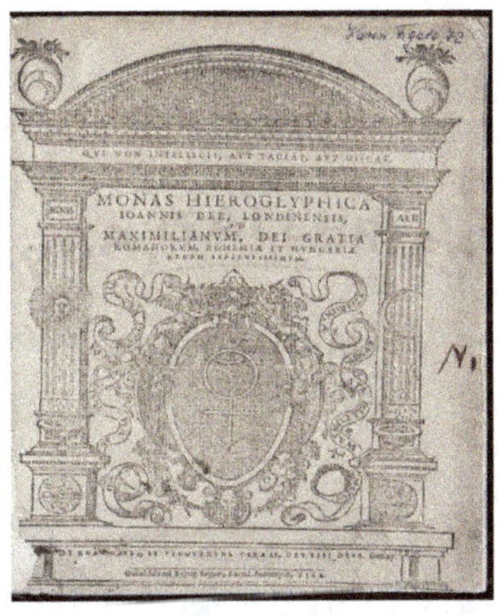

40. John Dee, *Monas Hieroglyphica*, frontespizio, Antwerpen, 1564

Tante simbologie ancora una volta sembrano condensarsi, proprio come insegnava John Dee, nell'immagine poliedrica del ritratto di Bureus, dove si gioca un'alchimia degli Elementi e dei significati, e dove in associazione al Leone troviamo il nome dell'angelo Ariel, derivante dall'ebraico *Arael* o *Ariael*, "il Leone di Dio", come era definito dallo stesso Agrippa[37].

Ci riconduciamo così alla celebre profezia paracelsiana del "Leone del Nord", che aveva visto in Gustav II Adolf il tanto atteso salvatore della causa protestante, profezia sostenuta dallo stesso Bureus[38], che nel diario del 1626 elaborò un articolato

---

[37] Agrippa, *De Occulta Philosophia*, liber III, cap. XXVIII. In questo capitolo Agrippa elenca gli spiriti che presiedono ai dodici segni dello Zodiaco: al segno del Leone presiede Ariel.

[38] La profezia riportata da Paracelso sull'avvento di un "Leone del Nord" che avrebbe salvato la causa protestante era stata pubblicata a Copenaghen nel 1625; dopo l'entrata in guerra di re Gustav II Adolf nel 1629, la profezia aveva trovato terreno fertile in Svezia dove si voleva vedere nella figura di re Gustav

schema concernente l'interpretazione di Ariel in chiave Rosacrociana[39], personificazione dello stesso "Leone del Nord", ossia del sovrano.

Ecco dunque che i quattro simboli del Tetramorfo, che corrispondono ai quattro Elementi, si riconducono anche al bestiario alchemico, dove il Leone e l'Aquila, affrontati come nel ritratto di Bureus, rappresentando il Fisso e il Volatile della materia, ovvero le due concorrenti forze finalizzate al conseguimento della Pietra filosofale, come vengono ad esempio raffigurati nell'opera *Azoth* di Basilius Valentinus (fig. 41).

Se il Leone rappresenta, secondo l'alchimia, l'ultimo stadio dell'Opera dello Spirito ecco che con l'entrata della Svezia nella Guerra dei Trent'anni, quando si volle vedere nel "Leone del Nord" il grande Gustav II Adolf, tutto sembrava compiersi in una eccezionale alchimia della Storia.

Dunque anche nel caso del ritratto di Bureus la concezione analitica e sincretica, insomma totalizzante, si trasfondeva nell'immagine pentavalente, accompagnata dalle scritte e dall'iscrizione sot-

---

II il tanto atteso eroe del Nord. "Anche gli scritti di Bureus dal 1625 al 1629 indicano che la profezia paracelsiana continuava a guadagnare attenzione a Corte": *The Rosicrucian context of the Lion of the north*, in Susanna Åkerman, *Rose Cross over the Baltic*, cit., pp. 125 e ss. Si veda inoltre l'interessante studio di Carlos Gilly a proposito della profezia del Leone del Nord e la propaganda chiliastica durante la Guerra dei Trent'anni, in cui lo studioso propone una selezione di opuscoli illustrati, fogli e ballate allora diffusi che hanno come tema il Leone di Mezzanotte, riferiti direttamente a due figure chiave nella Guerra: "In connection with the person of Frederick V of the Palatinate and later with Gustav Adolf of Sweden the chiliastic motif of the Lion from the North, taken from the prophecy of the Midnight Lion, provided a particularly powerful stimulus for journalistic propaganda. The prophecy of the Midnight Lion and the destruction of the eagle came into being soon after 1600 as a pseudepigraphic work of Paracelsus": Carlos Gilly, *The "midnight lion", the "eagle" and the "antichrist": political, religious and chiliastic propaganda in the pamphlets, illustrated broad sheets and ballads of the Trirthy Years War*, in "Dutch Review of Church History", 8, 1, 2000, p. 48.

[39] Susanna Åkerman, *The Gemstones of Ariel and the Rosicrucian Lion*, cit., p. 139 e ss.

tostante assimilabile a una crittografia e che ci riporta naturalmente all'iscrizione inserita nella cornice barocca del *Parhelion* di
Elbfas, ennesima sfida enigmistica, ambivalente e contraddittoria,
che cela abilmente la chiave cronologica da cui partire per leggere
l'icona rivelata.

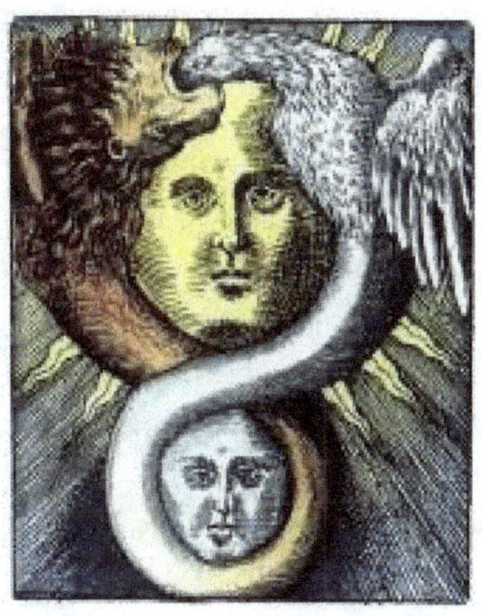

41. Basilius Valentinus, *Azoth*, 1613, *Allegoria della Pietra Filosofale*,
quinta illustrazione xilografata

4.5. Outro. Il *Parhelion* riscatta se stesso e il Regno svedese. Dall'imperscrutabilità dell'*omen* alla luce della geometria universale

Concludendo, possiamo affermare che il *Parhelion* (*Vädersolstavlan*)
possiede una complessa polisemanticità che riassume le istanze di
due importanti frangenti storici, giacché la copia seicentesca realizzata da Jacob Elbfas, sino ad oggi semanticamente omologata
sul più antico quadro luterano del 1535, farebbe riferimento alla
configurazione planetaria del giorno 20 aprile 1636.

Si tratta di un'opera, che seppur originata dall'antico dipinto del
1535 filologicamente riconducibile ai pronostici apocalittici del
tempo, si presenta a noi come una immagine caratterizzata dalla

numerabilità derivante dalla dottrina astrologica che diviene chiave di lettura per aprire tutte le porte di quella che può essere definita una monade celeste.

Il dipinto *Parhelion* nel suo processo di sdoppiamento storico sembra così fondere le due correnti del pensiero astrologico, ovvero la divinazione dei prodigi e la divinazione d'arte, facendo dell'*omen* meteorologico un'immagine in cui si cela la configurazione nata dall'astrologia *elettiva*, in collegamento ad eventi cruciali della storia religiosa e politica di una Svezia che stava per imporsi come grande Nazione.

L'iconografia seicentesca si porrebbe così in equilibrio tra la rappresentazione del *signum* di carattere ammonitorio, commissionato dal predicatore luterano Olaus Petri, e la configurazione astrologica e magica derivante da una cultura aristocratica e nazionalista di cui Johannes Bureus, bibliotecario e archeologo reale, si fece illustre paladino: il grande storico e mistico, che si occupò del restauro e della conservazione delle antichità del Regno, con la sua amplissima cultura letteraria e visuale avrebbe avuto occasione di esaminare l'antico dipinto, divenuto importante testimonianza della storia svedese, e di concepire i più occulti contenuti della copia, divenendo intermediario tra l'ambito religioso della cattedrale e il sofisticato esoterismo di Corte, tra l'antica e la moderna astrologia, tra Riforma luterana ed esoterismo Gotico, facendo in modo che il dipinto ammonitorio si riscattasse dalla sua funzione di oscuro anatema lanciato alla Corona dal predicatore Olaus Petri nel lontano 1535.

A questo punto è possibile guardare il dipinto *Parhelion* e pensare che Stoccolma fosse divenuta, agli occhi del grande Johannes Bureus e di coloro che credettero nei suoi insegnamenti, una Gerusalemme celeste, ovvero la città eletta che se nel 1535, secondo il predicatore Petri, avrebbe dovuto temere il segno imperscrutabile che l'avrebbe castigata mostrandole la sua incapacità di distinguere i segni divini da quelli diabolici, dunque di cogliere la Verità, nel 1636 si apprestava invece a ricevere i raggi di un Sole divino che parlava di Sapienza universale in base alle posizioni precise degli astri, riflesso di un disegno che attendeva di essere colto dalla Ratio umana. Un messaggio che Bureus aveva già elaborato e visualizzato nel sigillo dell'Università di Uppsala.

Se come scriveva Galileo Galilei:

dico che quanto alla verità di che ci danno cognizione le dimostrazioni matematiche, ella è l'istessa che conosce la sapienza divina; ma vi concederò bene che il modo col quale Iddio conosce le infinite proporzioni, delle quali noi conosciamo alcune poche, è sommamente più eccellente del nostro[40]

allora possiamo avvicinarci al Creatore dispiegando il codice cosmologico che ci è concesso scrutare, quello dei sette corpi celesti, attraverso i quali la *Veritas* si rivela, come concepiva neoplatonicamente Bureus nella sua ricerca sistematica dei significati e dei simboli, dove tutto rispondeva a una geometria universale che aspettava di essere colta, introiettata e dispiegata.

Ecco dunque che, se il dipinto luterano nasceva da un profondo scetticismo nei confronti dell'uomo, che si era allontanato da Dio tanto da non poter comprenderne il mistero e la volontà, ecco che un secolo dopo la Verità diveniva intellegibile attraverso il linguaggio rivelato, innalzandosi al di sopra della Natura per guardare alla Grazia.

Infatti se dai sermoni di Olaus Petri emergeva come l'uomo fosse considerato incapace di distinguere tra i segni di Dio e quelli del diavolo, ecco che nel pensiero di Johannes Bureus l'uomo avrebbe potuto apprendere la somma Sapienza attraverso la duplice Scienza del Bene e del Male, e distinguere nei segni celesti la volontà di Dio.

La rivoluzione scientifica, che coinvolse anche le discipline umanistiche, avrebbe a sua volta contribuito a sanare la distanza tra fede e ragione, giacché scopriva l'ordine presente in natura, il disegno perfetto della creazione, di cui la matematica rappresentava il codice rivelato.

Se dunque vogliamo parlare di una solida continuità culturale tra età di Lutero ed età delle scienze questa può essere cercata

---

[40] Galileo Galilei, *Dialogo sopra i due massimi sistemi del mondo*, 1632 (Salviati, *Prima giornata*), a cura di Libero Sosio, Einaudi, Torino 1970, p. 131.

nella tradizione gotica, abbracciata da Johannes Bureus, che fu precettore di Gustav II Vasa.

Come ha chiarito Edred Thorsson, lo *Storgoticismo*, intimamente legato alla mitologia e alla spiritualità ebraica, era stato codificato già a metà Cinquecento, dall'arcivescovo cattolico di Uppsala Johannes Magnus che, nella sua opera *Historia de omnibus Gothorum Sveonumque regibus* del 1555, sosteneva che la Svezia fosse stata la prima terra ripopolata dopo il diluvio universale dai discendenti di Japhet, dichiarando che l'alfabeto runico era la più antica scrittura del mondo, ad eccezione dell'ebraico; questa mitologia avrebbe influenzato la generazione successiva, quella a cui appartiene Bureus, contemporanea alla Riforma in Svezia e alla trasformazione della Nazione in potenza mondiale[41].

Questa anima gotica evidenzia come la ragione etnica di un popolo sia unificante più di tutte le ideologie e le Confessioni, dimostrando come il Paese mai si sia smentito nella sua ricerca di identità.

Il *Parhelion* si presenta dunque come una visione riservata agli iniziati: si tratta di un meraviglioso reperto rimasto sul fondo dell'abisso a custodia di tutti i volti possibili di un secolo importantissimo e rivoluzionario, nel quale affonda la modernità di un popolo che ha saputo recepire tutte le istanze spirituali e scientifiche per innalzarle alla ricerca delle proprie origini ed Ancestri.

Un'immagine unica e totalizzante, proteiforme e stereogrammatica, proprio come Johannes Bureus avrebbe auspicato.

---

[41] Edred Thorsson, op. cit., pp. 84-85.

Bibliografia essenziale e fonti

Testi antichi

Heinrich Cornelius Agrippa Von Nettesheim, *De Occulta Philosophia*, Liber II, *Occult Philosophy*, Book II, in <u>www.esotericarchives.com</u>.

Arbatel. De Magia veterum. Summum Sapientiae studium. In omnibus consule Dominum, et nihil cogites, dicas, facias, quod tibi Deus non consuluerit, Basel 1575, copia conservata presso la Biblioteca Estense Universitaria di Modena (versione digitalizzata).

Johannes Bureus, *Monumenta Sveo-Gothica hactenus exculpta*, 1624, versione digitale dell'esemplare conservato presso la Biblioteca Universitaria di Lund.

Tommaso d'Aquino, *L'Alchimia* ovvero *Trattato della pietra filosofale*, cura e traduzione di Paolo Cortesi, Newton Compton, Roma 2006.

John Dee, *Monas Hyerogliphica*, fonte: gallica.bnf.fr, Bibliothèque Nationale de France.

Jacob Hutter, *Brotherly Faithfulness: Epistles from a Time of Persecution*, Rifton, NY, Plough Publishing, [1533]1979, fonte: Wikipedia l'enciclopedia libera.

Johann Kepler, *Opera Omnia*, Francofurti a. M. et Erlangae, Heyder & Zimmer, 1858-1871, vol. 4, copia presso Bayerische StaatsBibliothek.

Jean Baptiste Ladvocat, *Dizionario storico*, Venezia 1759.

Alexandre Limojon de Saint-Didier, *Le triomphe hermétique ou la pierre philosophique victorieuse*, Amsterdam 1689, traduzione francese di testo tedesco di autore anonimo pubblicato a Lipsia nel 1604, Collection at the University of North Carolina at Chapel Hill.

Olaus Magnus, *Historia de gentibus septentrionalibus*, 1555, copia digitale in Project Runeberg NB digital.

John Marsh, *An epitome of general ecclesiastical history: from the earliest period to the present time*, Vanderpool & Co, New York 1827.

Paracelso, *Paragrano (Das Buch Paragranum)*, Introduzione, traduzione e note di Ferruccio Masini, Boringhieri, Torino [1530] 1961.

Hartmann Schedel, *Liber Chronicarum*, 1493, World Digital Library, www.wdl.org.

Testi moderni:

Testi specifici sul dipinto:

Margareta Weidhagen-Hallerdt, *Från Birger Jarl till Gustav Vasa*, Katalog till Stockholm Medeltidsmuseum, Norstedts Tryckeri AB, Stockholm 1993, pp. 18-21.

John Rothlind, Ole Ingolf Jensen, Margareta Weidhagen-Hallerdt, Axel Lindberg, Andrea Hermelin, Jan Svanberg, *Vädersolstavlan i Storkyrkan*, Särtryck ur Sankt Eriks Årsbok, 1999.

Gianna Pinotti, *Un'apparizione celeste tra numero e mistero: i segreti del Parhelion di Stoccolma (prime considerazioni)*, in "l'area di Broca", Numeri, numeri..., 80-81, giugno 2005, pp. 14-16 (www.emt.it/broca81.pdf).

Martin Kjellgren, *The Sundog of Olaus Petri*, in *Taming the prophet. Astrology, orthodoxy and the world of God*, ed. Sekel, Lund 2011, pp. 68-71.

Gianna Pinotti, *I segreti del dipinto Parhelion (Vädersolstavlan) di Stoccolma: una configurazione astrologica celata nella meteora ottica, monade celeste tra Riforma luterana ed esoterismo Gotico. Una nuova lettura iconologica*, in "Quaderni eretici/Cahiers hérétiques", 8, 3, 2020, L'Arte nella Storia (www.ereticopedia.org/rivista).

Altri testi:

Susanna Åkerman, *Rose Cross over the Baltic. The spread of Rosicrucianism in Northern Europe*, Brill-Leiden-Boston-Koln 1998.

Antonino Anzaldi, Luigi Bazzoli, *Dizionario di Astrologia*, Rizzoli, Milano 1988.

André Barbault, *Astrologia Mondiale*, Armenia, Milano 2001.

Helena Beckman, *Uppsala Universitets emblem*, Uppsala Universitet, 1 febbraio 2018.

Jürgen Beyer, *Lay Prophets in Lutheran Europe*, Brill, 2017.

André Chastel, *Marsile Ficin et l'art*, Droz, Genève 1996.

John J. Conley, *Kristina Wasa* (1626-1689), Internet Encyclopedia of Philosophy.

Christopher de Hamel, *Storia di dodici manoscritti*, Mondadori, Milano 2017.

Max E. Lippitsch, Sonja Draxler, *Planetary Astronomy up to Johannes Kepler and Isaac Newton*, Jan. 2012, in www.academia.edu.

Stephen Edred Flowers (alias Edred Thorsson), *Johannes Bureus and Adalruna. Being a sudy toward the delineation of the historical movement toward the northern down*, Rûna Raven Press, 1998.

Marco Folin, Monica Preti, *Wounded Cities. The Representation of Urban Disasters in European Art (14th-20th Centuries)*, Brill, Leiden/Boston 2015.

Alfonso Fresa, *La Luna. Movimenti, topografia, influenze e culto*, Hoepli, Milano 1933.

Pawel Gajewsky, *La Riforma in Francia, nei Paesi Bassi, in Scandinavia e in Europa orientale*, Edizioni Studio Domenicano, Bologna 2007.

Galileo Galilei, *Dialogo sopra i due massimi sistemi del mondo*, 1632, a cura di Libero Sosio, Einaudi, Torino 1970.

Carlos Gilly, *The "midnight lion", the "eagle" and the "antichrist": political, religious and chiliastic propaganda in the pamphlets, illustrated broadsheets and ballads of the Trirthy Years War*, in "Dutch Review of Church History", 8, 1, 2000.

Henri-J- Gouchon, *Dizionario di Astrologia*, Armenia, Milano 2001.

John Gribbin, *Enciclopedia di Astronomia e Cosmologia*, Garzanti, Milano 1998.

Sofia Gustaffsson, *Järtecken. Joen Petri Klint och 1500-talets vidunderliga lutherdom*, Nordic Academic Press, 2018.

Håkan Håkansson (2004), *Tycho the Apocalyptic: History, Prophecy and the Meaning of Natural Phenomena*, in J. Zamrzlova (Ed.), *Science in Contact at the Beginning of the Scientific Revolution* (pp. 211-236). National Technical Museum, Prag.

Håkan Håkansson, *Alchemy of the Ancients Goths: Johannes Bureus' Search for the Lost Wisdom of Scandinavia*, in "Early Science and Medicine", 17, 5, 2012, pp. 500-522.

Margareta Weidhagen-Hallerdt, *Analys av stadsbild och bebyggelse*, in *Vädersolstavlan i Storkyrkan*, 1999.

Gerd Heinz-Mohr, *Lessico di Iconografia Cristiana*, Istituto Propaganda Libraria (traduzione dal tedesco di Michele Fiorillo e Lina Montessori), Milano 1984.

Andrea Hermelin, *En målning i reformationens tjänst Historik enligt skriftliga kållor*, in *Vädersolstavlan i Storkyrkan*, 1999.

Christiaan Huygens, *Oeuvres complètes*, Tome XVII, App. IV-VII, *Traité des couronnes et des parhélie*s (1662 o 1663), publiées par la Société Hollandaise des Sciences, 1932.

Thomas Karlsson, *Kabbalah in Sweden*, Scripta Instituti Donneriani Aboensi, gennaio 2008.

Ranee Katzenstein, Emilie Savage-Smith, *The Leinden Aratea. Ancient Constellations in a Medieval Manuscript*, The J. Paul Getty Museum, Malibu 1988.

Martin Kjellgren, *Taming the prophet. Astrology, orthodoxy and the world of God*, ed. Sekel, Lund 2011.

Kjell Lekeby, *Astrology in the Early Modern Period in Sweden*, Brill, 2016.

Sten Lindroth, *Paracelsismen i Sverige till 1600-talets mitt*, Almqvist & Wilksells, Uppsala 1943, pp. 82-252.

Georg Luck (a cura di), Arcana Mundi, volume II, *Divinazione, Astrologia, Alchimia*, Fondazione Lorenzo Valla, Mondadori, Milano 1999.

Kate McAlpine, *The seven suns of Rome. A diagram lost for more than 350 years documents a speculation sky of 1630* in "Nature", 30 september 2011 (www.nature.com).

Stephen C. McCluskey, *Astronomies and Cultures in Early Medieval Europe*, Cambridge University Press, New York 2000.

Matthew Norris, *In search of the Three Crowns: Conserving, Restoring, and Reproducing Cultural Memory In Early Modern Sweden*, in "Nordic Journal of Renaissance Studies", vol. 17, 2020, pp. 125-151 (www.njrs.dk).

Mariassunta Picardi, *La geometria come CLAVIS UNIVERSALIS. Filosofia, magia e misticismo in John Dee*, in "Studi filosodici", Università degli Studi di Napoli "l'Orientale", XXXIII, 210, pp. 49-75.

Gianna Pinotti, *Anima-Verità*, in "La Rivista di Engramma", 12 novembre 2001 (www.engramma.it).

Ornella Pompeo Faracovi, *L'astrologia*, voce in Enciclopedia Treccani, 2013.

Roberto Renzetti, *Metodo fisica e metafisica in René Descartes* (1), in Fisicamente.blog, 12 luglio 2020.

Alexander Roob, *Alchimie et Mystique*, Taschen, 1997.

Anne Charlotte Scherer, *The role of diplomacy in Swedish foreign policy under Gustav II Adolph*, Tectum Verlag, Marburg 2016.

William Shea, *La Rivoluzione scientifica*, in *Le scienze fisiche e astronomiche*, Mondadori, Milano 1991.

William Shea, *Copernico un rivoluzionario prudente:* i grandi della scienza, Le Scienze, Milano, n. 20, aprile 2001.

Walter Sparn, *Rise and fall of prognostic astrology in scientific paradigms of early modern protestantism*, IKGT, Univerity Erlanger-Nuremberg, 17 december 2013, International Consortium for Research in the Humanities, Fate Freedom and Prognostication.

Milan Špürek, *L'Astrologie*, Gründ, Paris 1998.

Jan Svanberg, *Det Konsthistoriska sammanhanget*, in *Vädersolstavlan i Storkyrkan*, 1999.

Edred Thorsson, *Runelore, La saggesse des Runes. Manuel de runologie ésoterique*, tradotto, adattato e annotato da Anne-Laure et Arnaud d'Apremont, édition Pardès, Puiseaux [1987] 1994.

Bil Tierney, *Dynamique des aspects astrologiques*, Edition du Rocher, 1986.

Angelo Turchini, *La Guerra dei Trent'anni*, EDUCatt, Milano 1998.

E. Vennberg, *Anders Bure*, in *Svenskt biografiskt lexicon*, ed. Göran Nilzén, Stockholm 1926.

Aby Warburg, *Divinazione antica pagana in testi e immagini dell'età di Lutero*, SE, Milano [1920] 2016.

Paola Zambelli, *"Astrologi Hallucinati". Stars and the End of the World in Luther's Time*, Walter de Gruyter, Berlin 1986.

Altre fonti

Adelsvapen Wiki (Bure).

Historische Einblattdrucke zum thema haloerscheinungen, Arbeitskreis Meteore e. V., https://www.meteoros.de/themen/halos/geschichte/einblattdrucke.

The dictionary of Art, New York 1996 (Jacob Elbfas).

KunstAdessbuch Deuttschland, Osterreich, Schweiz, De Gruyter Saur 2002 (Jacob Elbfas)

Fonti iconografiche

Immagini 1, 2 (Author Gopherboy6956), 10, 14 (fonte Münchener Digitalisierungs Zentrum MDZ), 15, 19, 20, 21 (fonte Deutsche Fotothek), 22, 23, 24, 25, 27 (fonte Università di Uppsala), 30, 31, 35, 38, 40, 41: Public Domain, Wikimedia Commons; 29 Wikipedia Author:Art-and-Air; 3 da John Rothlind, Ole Ingolf Jensen, Margareta Weidhagen-Hallerdt, Axel Lindberg, Andrea Hermelin, Jan Svanberg, 1999, p. 15; 5 da Alfonso Fresa, 1933, figura 115; 6, 7, 8, 28, 32, 37 a cura dell'Autrice; 9 da William Shea, 2001, p. 26; 11 Christoph Scheiner, *Parelia*, 1630, Herzog August Bibliothek Wolfenbüttel, Graph. C707; 12 Alexander Seitz, *Ain Warnung*, Augsburg 1520, Augsburg Staats- und Stadtbibliothek-4 Kult-186-114, Bayerische Staats Bibliothek digital; 13 Leonard Reymann, *Practica*, Stoccarda, Landes Bibliothek, da Aby Warburg, [1920] 2016, immagine 12; 16, 17 Project Runeberg NB digital; 18 Joen Petri Klint, *Om the teckn och widunder som föregingo thet liturgiske owäsendet*, Cod. Linc. N 28, fol. 172 v., da Martin Kjellgren, 2011, p. 76; 26 Public Domain,

Biblioteca Università di Lund, Litteraturbanken.se; 33 Rare Book Collection at the University of North Carolina at Chapel Hill, QD25-T75 1689; 34, 36 da Edred Thorsson, [1987] 1994, pp. 176, 79; 39 da Alexander Roob, 1997, p. 118.

Abstract (italiano)

In questo libro la storica dell'arte Gianna Pinotti propone una rivoluzionaria e articolata lettura iconologica del dipinto seicentesco denominato *Parhelion* (*Vädersolstavlan*) conservato nella cattedrale di Stoccolma (Storkyrkan).

Il dipinto venne eseguito nel 1636 dal pittore di Corte Jacob Heinrich Elbfas come copia del più antico quadro ammonitorio e apocalittico, commissionato nel 1535 dal predicatore luterano Olaus Petri a corredo dei propri sermoni, e raffigurante un parelio che apparve nei cieli di Stoccolma nell'aprile di quell'anno, durante il regno di Gustav I Vasa (r. 1523-1560), il sovrano che abbracciò ufficialmente il luteranesimo nel 1527.

Le accurate indagini dell'Autrice rivelano che dietro l'iconografia dell'antica meteora ottica luterana si cela la configurazione astrologica del 20 aprile 1636, ragione per cui, secondo la studiosa, sarebbe stato segnalato tale giorno nella cornice seicentesca realizzata da Valentin Snickare: in tal modo il dipinto apre i suoi segreti, essendo nato da un progetto astrologico che avrebbe trasfigurato in chiave esoterica l'antica iconografia dell'*omen* celeste di epoca luterana.

Secondo questa rivoluzionaria lettura iconologica il dipinto *Parhelion* si presenterebbe come una immagine proteiforme contenente un sincretismo dottrinale riconducibile al pensiero del mistico, runologista e cabalista Johannes Bureus, bibliotecario reale e archeologo del Regno di Svezia, che nel 1636, dopo avere esaminato l'antica opera ammalorata, avrebbe avuto modo di concepire il nuovo progetto per attenersi all'iconografia dell'antico parelio luterano, lavorando in collaborazione con il suo consanguineo Jacobus Bureus Zebråzynthius, che nel 1636 era pastore presso la Storkyrkan.

Johannes Bureus sarebbe divenuto così l'anello di congiunzione tra l'ambiente religioso della cattedrale e il raffinato ambito intellettuale ed artistico della Corte svedese, elaborando un'opera unica che avrebbe fatto da ponte tra Riforma luterana ed esoterismo Gotico, riscattando l'antico dipinto con cui il predicatore Olaus Petri nel 1535 aveva lanciato un anatema alla Corona per il presunto atteggiamento prevaricatore assunto da questa nei confronti del clero.

È così che la copia seicentesca dell'antico dipinto del 1535, facendo capo alla configurazione astrologica del 20 aprile 1636, assume la propria autonomia storica, morfologica e semantica, in perfetta armonia con il contesto culturale e gli importanti eventi politici della primavera del 1636, durante la difficile Guerra dei Trent'anni e in piena rivoluzione scientifica, che dovette dialogare da un lato con il retaggio culturale delle antiche dottrine umanistiche e dall'altro con il Goticismo, attraverso il quale la Svezia stava plasmando la propria identità nazionale.

Questo libro rintraccia inoltre alcune nuove fonti luterane che possono avere ispirato il carattere apocalittico dell'immagine del parelio nel 1535, e i testi astrologici che potrebbero avere ispirato il progetto esoterico relativo al nuovo dipinto nel 1636, con particolare attenzione ai grandi occultisti e cabalisti ai quali guardò Johannes Bureus, uno degli uomini più colti del suo tempo, precettore di re Gustav II Adolf (r. 1611-1632).

Dunque il dipinto – considerato dagli storici la prima rappresentazione di un parelio e la più antica raffigurazione della città di Stoccolma – assurge a nuova importanza, non solo nel contesto delle immagini celesti e apocalittiche collegate all'età di Lutero, ma soprattutto nella storia della Svezia moderna alla conquista della propria identità religiosa, culturale e politica.

Il *Parhelion*, secondo questa nuova lettura, sarebbe divenuto una monade celeste, un amuleto runico che si pensava potesse catturare le forze planetarie e il destino ad esse sotteso, per la piena realizzazione di una grande Svezia vittoriosa contro le forze del male che le avevano sottratto il suo grande sovrano, Gustav II Adolf, il "Leone del Nord", l'eroe della causa della libertà, ucciso nella battaglia di Lützen nel 1632.

English Abstract

The secrets of the *Parhelion* painting (*Vädersolstavlan*) in Stockholm: a celestial monad between Lutheran reform and Gothic esotericism. A new iconological reading

In this essay the art historian Gianna Pinotti proposes a revolutionary and articulated iconological reading of the painting called *Parhelion* (*Vädersolstavlan*) preserved in the Stockholm Cathedral (Storkyrkan).

This painting was executed by the Court painter Jacob Heinrich Elbfas in 1636 and it is a copy of the older apocalyptic painting commissioned in 1535 by the Lutheran preacher Olaus Petri and depincts a Sundog that appeared above Stockholm in April of that year (1535), under the Reign of Gustav I Vasa (r. 1523-1560), the first European ruler who officially embraced Lutheranism.

The author's investigations reveal that behind the ancient iconography of the optical meteor lies the astrological configuration of April 20, 1636, that would be the reason why the date of April 20 was reported in the seventeenth century frame created by Valentin Snickare: in this way the painting opens its secrets because it would have been born from an astrological project that transformed the metereological *omen* into an esoteric, astral monad.

In this new interpretation the *Parhelion* painting appears as an esoteric and magical protean image containing a doctrinal syncretism that Gianna Pinotti brings back to the thoughts of the mystic, runologist and kabbalist Johannes Bureus (1568-1652), royal librarian and archeologist of the Kingdom when the copy was commissioned: Johannes Bureus acted as important link between the religious community of the Cathedral, directed at the time by his supporter and relative Jacobus Bureus Zebråzynthius, and the intellectual and artistic environment of the Court, between Lutheran reform and Gothic esotericism.

This fascinating research shows how the *Parhelion* painting referring to the astrological configuration of April 20, 1636, rightly assumes its own historical, morfological and semantic autonomy in perfect harmony with the cultural context and the political events of spring 1636, during the Thirthy Years War and in the midst of the scientific revolution that still had to deal with the cultural heritage of the ancient humanistic doctrines and the Gothicism, through which Sweden was shaping its national identity.

Moreover this essay traces some new Lutheran sources that could have inspired the admonitory character of the image of the Sundog executed in 1535, and some astrological and magical texts that may have inspired the esoteric project underlying the copy executed in 1636 with special attention to the great astrologers, occultists and kabbalists who inspired Johannes Bureus, one of the most cultured men of his time, former teacher of the King Gustav II Adolphus (r. 1611-1632).

Therefore the painting – considered the first representation of a Sundog and the oldest painting of Stockholm – rises to a new importance, not only in the context of celestial and apocalyptic images linked to the age of Luther, but also in the great history of modern Sweden conquering its own religious, cultural and political indentity.

The *Parhelion* painting would become like a celestial monad, a magical runic amulet that was supposed to capture the astral forces to propitiate a new historical beginning that would look to a great Sweden victorious against evil that had stolen its hero: the Great king Gustav II Adolphus, the "Lion of the North", killed during the battle of Lützen in 1632.